Métro insolite

Clive Lamming

Métro insolite

Promenades curieuses
Lignes oubliées
Stations fantômes
Métros imaginaires
Rames en tous genres...

PARIGRAMME

Remerciements

L'auteur et l'éditeur remercient
Alain Caire, directeur de la Sécurité de la RATP,
Pierre Lemaréchal, cadre supérieur honoraire de la RATP,
Jean Tricoire, chargé des publications historiques
au département du Patrimoine de la RATP,
de leur aide et de leur vigilante relecture du manuscrit,
ainsi que François Adam, de la Délégation générale à la communication,
pour sa collaboration, Julian Pepinster, de l'association Ademas
et Mark Ovenden pour leurs remarques et leur aide amicale.

Photo de couverture :
Détail de la porte d'une voiture de 1re classe de la mythique rame Sprague-Thomson,
emblème du métro parisien.

MONTMARTRE

SORTIE
CÔTE RUE LE PELETIER
ARRÊT
DES TRAINS

DIRECTION
PORTE DE CHARENTON
SORTIE
CÔTÉ RUE LE PELETIER
CORRESPONDANCE
PORTILLON
AUTOMATIQUE
G.R.A.P
DANS LES ÉPICERIES

Le métro ? La simple évocation de ce chemin de fer souterrain suffit généralement à déprimer le Parisien saturé de transports en commun. Serait-ce que la perspective de démarrer une voiture gelée, en hiver et dans le brouillard, lui paraîtrait plus douce ? Il est des situations où l'on regrette amèrement la rame de métro bien chaude que l'on a attendue, une minute ou deux à peine, dans une station abritée tout en laissant ses pensées glisser le long des carreaux blancs si rassurants...

Pas convaincu ? Les agressions, dites-vous ? Trois à cinq millions de personnes chaque jour dans les transports en commun parisiens et aucun mort à déplorer des mois durant : pendant ce temps, le travail a tué des centaines de personnes, le bricolage du week-end des milliers d'autres, l'automobile affiche avec une belle régularité des scores meurtriers plus impressionnants encore... pour ne rien dire de la cigarette. On ne peut plus fumer dans le métro et c'est tant mieux, car c'était le dernier danger réel qui y guettait le voyageur !

Mais le propos de ce guide n'est pas de convaincre les frileux ni de rassurer les peureux. Plus simplement, il voudrait montrer que le métro de Paris est un véritable musée dans lequel se rejoindraient celui des Arts et Métiers et celui des Arts décoratifs. C'est le plus passionnant des univers parisiens où mille curiosités techniques et architecturales attendent les amateurs d'extraordinaire.

Avec un simple ticket de métro, le lecteur pourra visiter avec un regard neuf cet immense ensemble technique en utilisant les nombreuses rames circulant continuellement sur le réseau : les curiosités seront au rendez-vous. Ainsi, on accomplira dix traversées de la Seine à la suite, on engagera la tournée des stations fermées et celle des sous-stations (le métro a aussi des "sous-stations"), on visitera les curieuses lignes en boucle. On fera connaissance avec des grands hommes illustres qui ne sont pas encore au Panthéon : Fulgence Bienvenüe, Paul Friésé, Hector Guimard, Jean-Camille Formigé, Charles Plumet... et on apprendra ce qu'est un candélabre, un porte-plan ou un Pili.

Pages 6-7 :
La voûte de la station Rue Montmartre (désormais nommée Grands Boulevards) aux mains des ouvriers-carreleurs en 1932.

Pages 8-9 :
En 1937, les stations s'équipent de globes lumineux...
Les usagers pourront enfin lire leur journal !

Ci-contre :
Voies en tunnel sur la ligne 12 : dans les entrailles du réseau...

SORTIE

– *I* –

PANORAMA DU MÉTROPOLITAIN PARISIEN

Page 12 :
La nouvelle station Chaussée d'Antin-La Fayette sous le signe des relations franco-américaines, par Jean-Paul Chambas.

1900

1910

1930

1950

1960

1976

1992

Monogrammes et logos, les signatures Métro.

Vous avez dit "RATP" ?

Dans les lycées parisiens – à l'époque où l'auteur de cet ouvrage les fréquentait –, on avait coutume d'écrire à la craie sur les tableaux "RATP 15" deux semaines avant les grandes vacances, ce qui voulait dire : "Reste à tirer péniblement quinze jours"... équivalent universitaire de la quille militaire d'usage plus répandu. Ces quatre lettres étaient donc entourées d'une aura indéniable et la compréhension de cette fine plaisanterie renforçait la supériorité naturelle du potache parisien sur son collègue rural.

Apparu en 1900, le premier métro parisien ignorait encore tout de ce sigle puisqu'il appartenait à la CMP, la Compagnie du chemin de fer métropolitain de Paris, qui régnait sur la totalité du réseau, sauf deux lignes : celles du Nord-Sud, construites à partir de 1911, qu'elle absorba seulement en 1930. En 1941, le gouvernement de Vichy fusionna les réseaux du métro et des bus de la région parisienne, gérés jusqu'alors par la Société de transport en commun de la région parisienne (STCRP), et en confia la direction à la CMP. Le 3 janvier 1945, la CMP changea de statut pour dépendre d'une administration provisoire de l'État avant de devenir, le 21 mars 1948, la Régie autonome des transports parisiens. Établissement public industriel et commercial, la RATP n'est pas une structure administrative, mais une véritable entreprise, autonome sur le plan financier.

Le réseau et ses lignes

La question de savoir combien de lignes quadrillent le réseau est matière à de nombreux débats. Si leur numérotation, de 1 à 14, fournit une première indication, il ne faut pas oublier les "bis", portant le nombre total à seize. Quoi qu'il en soit, la notion de ligne a été, au cours de l'histoire du métro, une donnée à géométrie très variable, surtout durant les années 1930. La réalité du métro, ce sont ses voies et ses stations ; la ligne n'est que l'itinéraire que l'on impose aux rames et que l'on fait figurer sur les plans. Les parcours effectués par les rames ont souvent varié en fonction des modifications d'ouverture et de fermeture.

À la différence des métros de Londres ou de New York, les lignes parisiennes conduisent d'un point à un autre : il n'y a pas de lignes circulaires, même si quelques parcours s'achèvent par une boucle. Toutes ont deux terminus qui, jadis, servaient à les désigner (Clignancourt-Orléans, Nation-Dauphine...). Les prolongements en banlieue de ces dernières décennies, ajoutant de nouveaux terminus aux noms doubles ou triples, ont rendu cet usage obsolète et l'habitude d'utiliser les numéros des lignes s'est désormais généralisée.

Certaines lignes ont donc des stations terminus en boucle. Notons que les lignes 2 et 6 sont même pourvues de deux boucles. D'autres lignes ont perdu une de leurs boucles lors de leur prolongement en banlieue, la boucle "morte" servant alors de garage. Mais la règle générale impose de rebrousser à chaque extrémité d'une ligne.

LES 16 LIGNES DU MÉTRO PARISIEN : ÉTAT DES LIEUX

Numéro actuel	Longueur (en mètres)	Date d'ouverture (première section)	Matériel actuel MF=Fer / MP=pneus (+ année)	Itinéraire actuel
1	16 600	1900	MP 89	Château de Vincennes - La Défense
2	12 316	1900	MF 01	Nation - Porte Dauphine
3	11 665	1904	MF 67	Gallieni - Pont de Levallois-Bécon
3 bis	1 289	1905	MF 67	Gambetta - Porte des Lilas
4	10 599	1908	MP 59	Porte de Clignancourt - Porte d'Orléans
5	14 634	1906	MF 67	Place d'Italie - Bobigny-Pablo Picasso
6	13 665	1909	MP 73	Nation - Charles de Gaulle-Étoile
7	18 594	1910	MF 77	La Courneuve - Villejuif/Ivry
7 bis	3 066	1911	MF 88	Louis Blanc - Pré-Saint-Gervais
8	22 057	1913	MF 77	Balard - Créteil
9	19 562	1922	MF 67	Pont de Sèvres - Mairie de Montreuil
10	11 712	1913	MF 67	Boulogne - Gare d'Austerlitz
11	6 286	1935	MP 59	Châtelet - Mairie des Lilas
12	13 888	1910	MF 67	Porte de la Chapelle - Mairie d'Issy
13	18 300	1911	MF 77	Châtillon-Montrouge - Asnières-Gennevilliers/Saint-Denis
14	8 600	1998	MP 89	Saint-Lazare - Olympiades

Remarques :
Les lignes ont subi de nombreux prolongements et remaniements. Par exemple, l'actuelle ligne 13 est formée des anciennes lignes 13 (1911) et 14 (1937) réunies en 1976 ; le 14 juin 2008, elle fut prolongée sur 1 800 m jusqu'à Asnières-Gennevilliers-Les Courtilles, avec création d'une station intermédiaire, Les Agnettes. Quant à la ligne 12 dans La Plaine Saint-Denis, son prolongement est en cours, ainsi que celui de la ligne 4, en direction de Montrouge.
Avec l'automatisation de la ligne 1 (2011-2012), le MP 05 remplacera le MP 89, qui lui-même succédera aux MP 59 sur la ligne 4.
Le nouveau matériel à roulement fer MF 01 équipe désormais la ligne 2 et s'étendra dans les prochaines années à la ligne 5, puis à la ligne 9.

Viaduc d'Austerlitz : LA traversée de Paris est pour la ligne 5.

M RER T
Paris
RATP
www.ratp.fr
Asnières – Gennevilliers Les Courtilles 13
Les Agnettes
Gabriel Péri
Saint-Ouen
Mairie de Clichy
Porte de Clichy
Brochant
Garibaldi
Mairie de St-Ouen
Carref
Ple
Porte de St-Ouen
Guy Môquet
La Fourche
de Cl
La
Caulai
Ab
Blanche
Place de Clichy
Pont de Levallois Bécon 3
Anatole France
Louise Michel
Porte de Champerret
Pereire – Levallois
Pereire
Wagram
Malesherbes
Villiers
Rome
Liège
Trinité d'Estienne d'Orves
St-G
Notre-
de-L
Monceau
Courcelles
Ternes
Europe
Gare St-Lazare
St-Lazare 14
Haussmann St-Lazare
E
Chaussée d'Ant
La Fayette
St-Augustin
Miromesnil
Havre Caumartin
Opéra
Quat
A
T 2
1 La Défense
Grande Arche
Esplanade de La Défense
Pont de Neuilly
Les Sablons
Porte Maillot
Neuilly – Porte Maillot
Argentine
Avenue Foch
2 Porte Dauphine
6
Charles de Gaulle Étoile
St-Philippe du-Roule
Victor Hugo
Kléber
George V
Franklin D. Roosevelt
Auber
Madeleine
Pyramides
Boissière
Alma Marceau
Champs Élysées Clemenceau
Concorde
Palais Royal Musée du Louvre
Louvre Rivoli
Avenue Henri Martin
Rue de la Pompe
Trocadéro
Iéna
Pont de l'Alma
Invalides
Tuileries
Musée d'Orsay
Pont
Assemblée Nationale
La Tour Maubourg
Solférino
Boulainvilliers
La Muette
Passy
Champ de Mars Tour Eiffel
Bir-Hakeim
Varenne
École Militaire
Rue du Bac
St-Germain des-Prés
Ranelagh
Avenue du Pdt Kennedy
Saint François Xavier
Dupleix
La Motte Picquet Grenelle
Sèvres Babylone
Mabi
St-Sulp
Vaneau
Jasmin
Avenue Émile Zola
Rennes
Michel-Ange Auteuil
Porte d'Auteuil
Église d'Auteuil
Javel
Ségur
Duroc
St-Placide
No
de
Mirabeau
Javel André Citroën
Charles Michels
Cambronne
Commerce
Falguière
Montparnasse Bienvenüe
V
Michel-Ange Molitor
Chardon Lagache
Sèvres Lecourbe
Pasteur
Edgar Quinet
Gare Montparnasse
Boulogne Jean Jaurès
Exelmans
Félix Faure
Gaîté
Pont du Garigliano
Bd Victor
T 3
Boucicault
Volontaires
Marcel Sembat
Porte de St-Cloud
Lourmel
Vaugirard
Pernety
10
Boulogne Pont de St-Cloud
8
Balard
Convention
Plaisance
Porte de Versailles
Pte de Vanves
Billancourt
T 2
Issy Val de Seine
9 Pont de Sèvres
Corentin Celton
Malakoff Plateau de Vanves
Por
d'Orléa
Issy
12 Mairie d'Issy
Malakoff Rue Étienne Dolet
Ar
C
Châtillon – Montrouge 13
B
Propriété de la RATP - Agence Cartographique - PMI 10-2007-C.PR Design: bdcconseil - Reproduction interdite

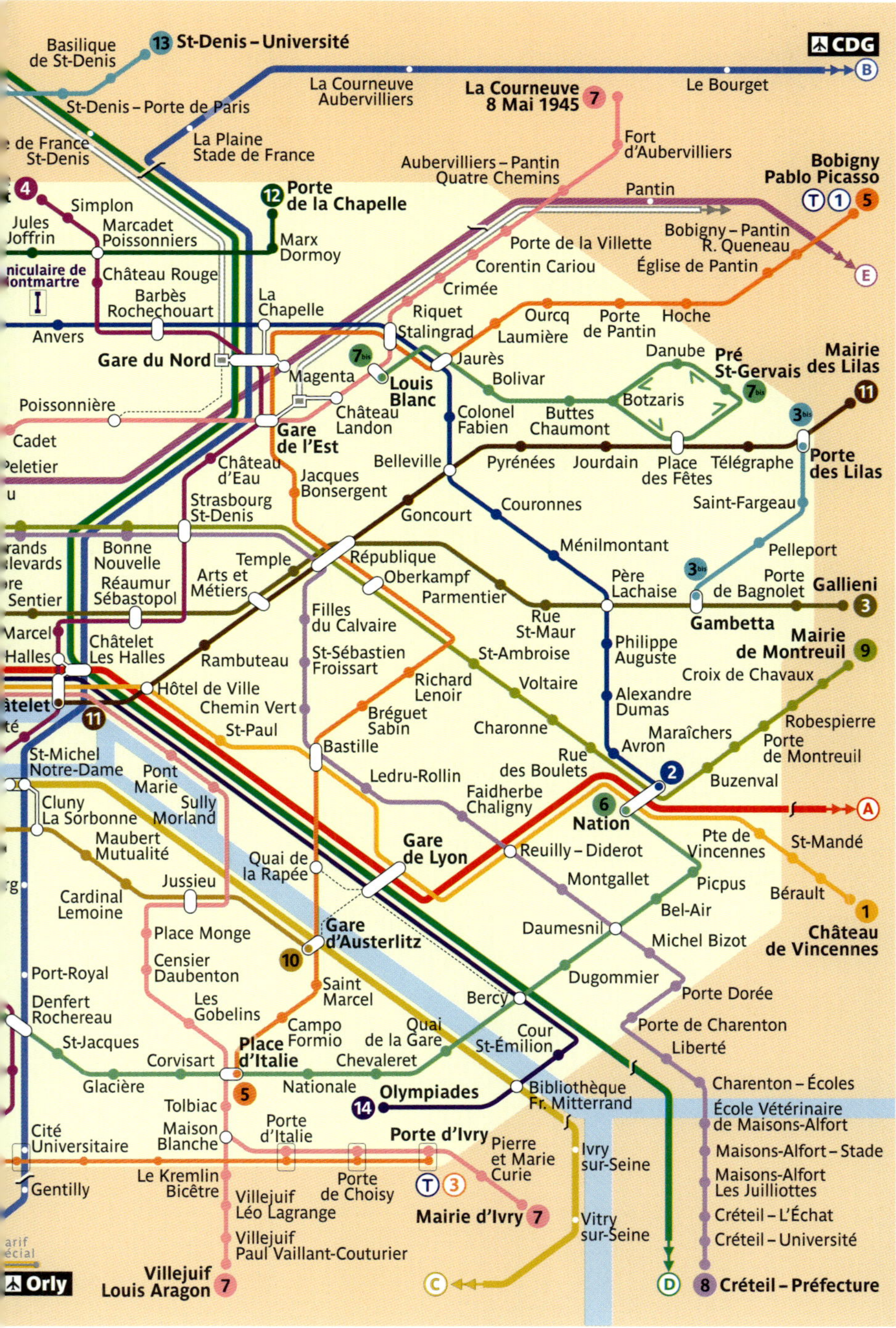

CDG
B
13 St-Denis – Université
Basilique de St-Denis
St-Denis – Porte de Paris
St-Denis
La Plaine Stade de France
La Courneuve Aubervilliers
La Courneuve 8 Mai 1945 7
Le Bourget
Fort d'Aubervilliers
Aubervilliers – Pantin Quatre Chemins
Bobigny Pablo Picasso
T 1 5
Pantin
Bobigny – Pantin R. Queneau
Église de Pantin
E
4
Simplon
Jules Joffrin
Marcadet Poissonniers
12 Porte de la Chapelle
Marx Dormoy
Château Rouge
Barbès Rochechouart
La Chapelle
Porte de la Villette
Corentin Cariou
Crimée
Riquet
Stalingrad
Ourcq
Laumière
Porte de Pantin
Hoche
Anvers
Gare du Nord
Magenta
7bis
Louis Blanc
Jaurès
Bolivar
Danube
Pré St-Gervais
Mairie des Lilas
11
Botzaris
Buttes Chaumont
Colonel Fabien
Château Landon
Gare de l'Est
Poissonnière
Cadet
Château d'Eau
Jacques Bonsergent
Belleville
Pyrénées
Jourdain
Place des Fêtes
Télégraphe
3bis
Porte des Lilas
Strasbourg St-Denis
Goncourt
Couronnes
Saint-Fargeau
Bonne Nouvelle
Réaumur Sébastopol
Temple
Arts et Métiers
République
Oberkampf
Parmentier
Ménilmontant
Pelleport
Porte de Bagnolet
Père Lachaise
Gambetta
Gallieni
3
Sentier
Filles du Calvaire
Rue St-Maur
Philippe Auguste
Mairie de Montreuil
9
Châtelet Les Halles
Rambuteau
St-Sébastien Froissart
St-Ambroise
Croix de Chavaux
Hôtel de Ville
Chemin Vert
Richard Lenoir
Voltaire
Alexandre Dumas
11
St-Paul
Bréguet Sabin
Charonne
Robespierre
Maraîchers
Avron
Porte de Montreuil
Bastille
Rue des Boulets
St-Michel Notre-Dame
Pont Marie
Ledru-Rollin
Faidherbe Chaligny
2
Buzenval
6
Nation
A
Cluny La Sorbonne
Sully Morland
Maubert Mutualité
Quai de la Rapée
Gare de Lyon
Reuilly – Diderot
Pte de Vincennes
St-Mandé
Cardinal Lemoine
Jussieu
Montgallet
Picpus
Bérault
1
Château de Vincennes
Place Monge
Gare d'Austerlitz
Bel-Air
Daumesnil
Michel Bizot
10
Censier Daubenton
Port-Royal
Dugommier
Denfert Rochereau
Les Gobelins
Saint Marcel
Bercy
Porte Dorée
St-Jacques
Campo Formio
Quai de la Gare
Cour St-Émilion
Porte de Charenton
Liberté
Corvisart
Place d'Italie
Chevaleret
Glacière
Nationale
Olympiades
14
Bibliothèque Fr. Mitterrand
Charenton – Écoles
5
École Vétérinaire de Maisons-Alfort
Tolbiac
Maison Blanche
Porte d'Italie
Porte d'Ivry
Pierre et Marie Curie
Ivry sur-Seine
Maisons-Alfort – Stade
Cité Universitaire
Maisons-Alfort Les Juilliottes
Gentilly
Le Kremlin Bicêtre
Villejuif Léo Lagrange
Porte de Choisy
T 3
Mairie d'Ivry 7
Vitry sur-Seine
Créteil – L'Échat
Créteil – Université
Villejuif Paul Vaillant-Couturier
Orly
Villejuif Louis Aragon 7
C
D
8 Créteil – Préfecture

LE MÉTRO EN CHIFFRES

Longueur du réseau : 201,8 km (dont 16,6 en aérien).
Nombre de lignes : 14 + 2 d'embranchement.
Nombre de stations : 300, offrant 384 points d'arrêt.
Le "tour" : temps de parcours (aller et retour) d'une ligne ; le plus long est celui de la ligne 9, soit environ 2 heures.
Nombre d'agents RATP : 45 000 environ, dont 17 000 conducteurs (3 500 pour le métro, 13 500 pour les autobus) et 200 contrôleurs.
Nombre de conducteurs sur une ligne : jusqu'à 200, assurant trois services : matin (premier métro-13h30), après-midi (11h30-21h), nuit (19h30-dernier métro), avec un temps de repos de 11 heures entre deux services. Les conducteurs peuvent aussi travailler à la réserve générale de l'ensemble du réseau, ou en réserve sur leur ligne.
Nombre de trains circulant simultanément sur le réseau : 540 (jusqu'à 560 aux heures de pointe).
Nombre de rames : environ 700 "rames fer" et 200 "rames pneus".
Nombre de voitures par rame : en général 5 (mais 6 pour les lignes 1 et 14, 4 pour la 11 et 3 pour les lignes 3 bis et 7 bis).
Nombre de voyages quotidiens : plus de 5 millions (sur 10,44 millions de voyages tous modes confondus).
Les cinq stations les plus actives : Gare du Nord, puis Saint-Lazare, Montparnasse-Bienvenüe, Gare de Lyon et Gare de l'Est ; la station Châtelet n'arrive qu'en 10e position.

Ci-contre : le gigantesque tunnelier "Sandrine", génie d'acier de Météor, capable de percer un tunnel de 8,60 m de diamètre.

Pages suivantes : on compte plus de deux cents réseaux métropolitains dans le monde.

Un réseau hors ligne

Le tableau comparatif des métros du monde, présenté ci-après (p. 20-23), fournit un certain nombre d'indications repères, à commencer par la longueur de leur réseau et le nombre des stations desservies. Un bon réseau métropolitain est un réseau dont les stations sont proches les unes des autres et les lignes nombreuses et longues. À quoi cela servirait-il de disposer d'un réseau très étendu, mais dont les stations seraient très espacées et les lignes rares... sinon à perdre du temps et de l'énergie en recourant à la marche à pied ou au service d'un bus souvent long à arriver ?

Toute modestie nationale mise à part, force est de constater que le métro de Paris est le seul réseau au monde de grande longueur (dépassant 200 km) ayant des stations très rapprochées (distantes de 710 m en moyenne[1]). Hormis quelques petits réseaux à ligne unique, l'ensemble des grands réseaux mondiaux, en particulier russe ou américain, affichent des distances considérables entre leurs stations. À San Francisco, par exemple, les stations sont espacées de 3 382 m sur une unique ligne longue de 112 km, ce qui en fait un RER allongé plutôt qu'un métro bien tassé.

Autre donnée intéressante fournie par ce tableau, le nombre de voyageurs transportés annuellement : les Moscovites arrivent en tête devant les Japonais, les Français, les Anglais, autres grands utilisateurs du métro, ce qui est visiblement moins le cas des retraités bénéficiaires des fonds de pension de Miami... On découvre aussi, à la lecture des écartements[2], que le "grand frère soviétique" a imposé aux Ukrainiens, Kirghizes, Arméniens et autres Géorgiens son fameux écartement de 1 524 mm, que l'Amérique du Sud pratique l'écartement large de 1 600 mm d'origine irlandaise apporté par les ingénieurs anglais et que les Indiens vont jusqu'à un écartement de 1 676 mm. Le reste du monde utilise l'écartement de 1 435 mm, soit le 4 pieds 8 pouces d'origine anglaise.

Les grandes longueurs totales de lignes peuvent laisser croire à de bons réseaux. Il n'en est rien ! Il s'agit souvent de réseaux de conception plus proche du RER que du métro, comme c'est le cas à Moscou, Londres surtout, ou dans les villes américaines. Paris est l'une des rares villes au monde à s'offrir le luxe de deux réseaux distincts et complémentaires : un vrai réseau urbain, dense et serré, doublé d'un RER à grande distance.

1. Chiffre en augmentation avec les récents prolongements en banlieue. En 1950, le réseau du métro est de 179 km, comporte 284 stations, et la moyenne des interstations est de 486 m.
2. *Cf.* note p. 63.

LES MÉTROS DANS LE MONDE*

Ville	Pays	Date d'ouverture	Longueur approximative (km)	Écartement (mm)	Stations (nombre)	Distance moyenne entre stations (m)	Tension/courant (V)	Système	Millions de voyageurs par an
ABU DHABI	Émirats arabes unis	2016	131	-	40	-	-	-	-
ADANA	Turquie	2009	8	1435	8	1 000	-	Caténaire	-
ALGER	Algérie	2012	9	1435	10	900	-	3e rail	-
ALMATY	Kazakhstan	2011	8	-	7	-	-	-	-
AMSTERDAM	Pays-Bas	1977	32	1 435	33	900	750	3e rail	82
ANKARA	Turquie	1997	24	1 435	22	990	750	3e rail	110
ANVERS	Belgique	1975	8	1 000	11	690	600	Caténaire	-
ATHÈNES	Grèce	1904	53	1 435	49	1 060	750	3e rail	333
ATLANTA	États-Unis	1979	79	1 435	38	2 080	750	3e rail	70
BAKOU	Azerbaïdjan	1967	32	1 524	22	1 583	825	3e rail	171
BALTIMORE	États-Unis	1983	24	1 435	14	1 750	700	3e rail	12
BANGALORE	Inde	2011	42	1 435	41	990	750	3e rail	-
BANGKOK	Thaïlande	1999	80	1 435	46	1 063	750	3e rail	200
BARCELONE	Espagne	1924	119	1 435 et 1 674	135	880	750 et 1 500	3e rail ou caténaire	391
BELO HORIZONTE	Brésil	1986	28	1600	19	1 480	3 000	Caténaire	65
BERLIN	Allemagne	1902	147	1 435	173	850	780	3e rail	494
BIELEFELD	Allemagne	1971	5	1 000	7	740	750	Caténaire	26
BILBAO	Espagne	1995	41	1 000	38	1 070	1 500	Caténaire	84
BOCHUM	Allemagne	1979	21	1 000	29	800	750	Caténaire	-
BOMBAY	Inde	2012	146	1 435	73	2 340	25 000	Caténaire	-
BONN	Allemagne	1975	9	1 435	12	750	750	Caténaire	-
BOSTON	États-Unis	1897	60	1 435	60	1 010	600	3e rail ou caténaire	142
BRASILIA	Brésil	2001	42	-	29	1 750	750	3e rail	15
BRESCIA	Italie	2013	13	1 435	17	-	750	3e rail	-
BRUXELLES	Belgique	1976	32	1 435	59	555	900	3e rail	129
BUCAREST	Roumanie	1979	67	1 435	43	1 570	750	3e rail	108
BUDAPEST	Hongrie	1896	33	1 435	40	830	600 ou 750	3e rail	289
BUENOS AIRES	Argentine	1913	48	1 435	68	710	550, 1 100 ou 1 500	3e rail ou caténaire	280
BUFFALO	États-Unis	1985	8	1 435	8	1 050	650	3e rail	8
BURSA	Turquie	2002	22	1 435	23	980	1 500	Caténaire	-
CAIRE (LE)	Égypte	1987	65	1 435	53	1 240	1 500	Caténaire	683
CALCUTTA	Inde	1984	23	1 676	23	980	750	3e rail	168
CARACAS	Venezuela	1983	60	1 435	46	1 320	750	3e rail	445
CATANE	Italie	1999	4	1 435	6	630	3 000	Caténaire	0,5
CHANGCHUN	Chine	2002	31	1 435	33	1 060	750	Caténaire	-
CHARLEROI	Belgique	1976	17	1 000	20	880	600	Caténaire	-
CHENGDU	Chine	2010	18	1 435	16	1 160	750	3e rail	-
CHIBA	Japon	1988	15	-	18	860	1500	Monorail aérien	-
CHICAGO	États-Unis	1897/1943**	166	1 435	144	1 150	600	3e rail	192
CHIRAZ	Iran	2012	24	-	21	-	-	-	-
CHONGQING	Chine	2005	19	-	18	1 000	750	Monorail aérien	-
CLEVELAND	États-Unis	1955	31	1 435	18	1 722	600	Caténaire	7
COLOGNE	Allemagne	1968	45	1 435	51	880	750	Caténaire	-
COPENHAGUE	Danemark	2002	21	1 435	22	900	750	3e rail	50
DALIAN	Chine	2003	49	1 435	12	4 080	1 500	Caténaire	-
DALLAS	États-Unis	1996	116	1 435	55	-	870	Caténaire	-
DENVER	États-Unis	1994	63	1 435	36	-	900	Caténaire	22
DETROIT	États-Unis	1987	5	-	13	-	-	-	-
DNIPROPETROVSK	Ukraine	1984	11	1 524	6	1 180	825	3e rail	13
DOHA	Qatar	2015	300	-	98	-	-	-	-
DORTMUND	Allemagne	1976	29	1 435	37	800	750	Caténaire	-
DUBAI	Émirats arabes unis	2009	52	1 435	26	2 000	750	3e rail	300

Ville	Pays	Date d'ouverture	Longueur approximative (km)	Écartement (mm)	Stations (nombre)	Distance moyenne entre stations (m)	Tension/courant (V)	Système	Millions de voyageurs par an
DUISBURG	Allemagne	1992	14	1 435	13	1 100	750	Caténaire	-
DÜSSELDORF	Allemagne	1981	9	1 435	14	680	750	Caténaire	-
EDMONTON	Canada	1978	20	1 435	15	-	600	Caténaire	-
EREVAN	Arménie	1981	9	1 524	9	1 000	825	3e rail	20
ESSEN	Allemagne	1967	20	1 435	27	750	750	Caténaire	-
FORTALEZA	Brésil	2010	24	-	18	-	3 000	Caténaire	-
FRANCFORT	Allemagne	1968	51	1 435	72	708	600	Caténaire	50
FUKUOKA	Japon	1981	30	1 067	34	880	1 500	Caténaire	121
GELSENKIRCHEN	Allemagne	1984	5	1 435	9	610	750	Caténaire	-
GÊNES	Italie	1990	5	1 435	7	700	750	3e rail	-
GLASGOW	Royaume-Uni	1896	11	1 220	15	733	600	3e rail	14
GUADALAJARA	Mexique	1989	24	1 435	28	860	750	Caténaire	-
GUANGZHOU	Chine	1999	176	1 435	101	1 750	1 500 et 600	Caténaire et 3e rail	-
GWANGJU	Corée du Sud	2004	20	1 435	20	1 010	1 500	Caténaire	16
HAÏFA	Israël	1956	2	-	6	290	-	Funiculaire souterrain	0,7
HAMBOURG	Allemagne	1912	100	1 435	89	1 130	750	3e rail	184
HANGZHOU	Chine	2011	48	-	30	1 600	-	-	-
HANOVRE	Allemagne	1975	18	1 435	17	1 090	750	Caténaire	-
HAYE (LA)	Pays-Bas	2004	28	-	30	930	-	-	-
HELSINKI	Finlande	1982	21	1 524	17	1 240	750	3e rail	55
HIROSHIMA	Japon	1994	18	-	21	-	750	Monorail pneumatique	17
HONGKONG	Chine	1979	188	1 435	82	2 290	1 500	Caténaire	1 288
HYDERABAD	Inde	2012	12	1 435	14	-	750	3e rail	-
IEKATERINBOURG	Russie	1991	9	1 524	7	1 200	825	3e rail	44
INCHON	Corée du Sud	1999	29	1 435	29	1 020	1 500	Caténaire	71
ISPAHAN	Iran	2011	21	-	20	-	-	-	-
ISTANBUL	Turquie	1989	15	1 435	10	1 500	750	Caténaire	66
IZMIR	Turquie	2000	12	1 435	10	1 150	750	3e rail	29
JACKSONVILLE	États-Unis	1997	7	864	6	1 150	-	Monorail aérien	0,6
JAIPUR	Inde	-	-	1 435	9	1 000	-	-	-
KAMAKURA	Japon	1970	6	-	8	830	-	Monorail aérien	-
KAOHSIUNG	Taïwan	2008	43	1 435	36	1 190	-	3e rail	29
KAZAN	Russie	2005	8	1 524	6	1 380	825	3e rail	6
KHARKIV	Ukraine	1975	35	1 524	25	1 410	750	3e rail	271
KIEV	Ukraine	1960	60	1 524	43	1 390	825	3e rail	626
KITA-KYUSHU	Japon	1985	9	-	13	680	-	Monorail aérien	-
KOBE	Japon	1977	31	1 435	24	1 280	1 500	Caténaire	118
KRYVYÏ RIH	Ukraine	1986	18	1 524	12	1 500	600	Caténaire	-
KUALA LUMPUR	Malaisie	1996	64	1 435	56	1 140	-	3e rail	106
KYOTO	Japon	1981	31	1 435	31	1 010	1 500	Caténaire	122
LAS VEGAS	États-Unis	2004	6	-	7	900	-	Monorail aérien	8
LAUSANNE	Suisse	1991	14	1 435	28	500	750	Pneus et rails	25
LILLE	France	1983	45	Pneus	60	735	750	VAL	72
LIMA	Pérou	1989	10	1 435	6	1 600	1 500	Caténaire	-
LISBONNE	Portugal	1959	41	1 435	46	890	750	3e rail	173
LIVERPOOL	Royaume-Uni	1972	10	1 435	8	-	750	3e rail	-
LONDRES	Royaume-Uni	1863/1890**	408	1 435	268	1 552	600 ou 750	4 rails	765
LOS ANGELES	États-Unis	1990	127	1 435	70	1 800	750	3e rail	108
LUDWIGSHAFEN	Allemagne	1969	4	1 000	11	360	750	Caténaire	-
LYON	France	1978	31	1 435	39	790	750	Glissières latérales	177
MADRAS	Inde	1997	27	1 435	17	1 590	25 000	Caténaire	-
MADRID	Espagne	1919	284	1 435	231	1 230	600	Caténaire	633

LES MÉTROS DANS LE MONDE*

Ville	Pays	Date d'ouverture	Longueur approximative (km)	Écartement (mm)	Stations (nombre)	Distance moyenne entre stations (m)	Tension/courant (V)	Système	Millions de voyageurs par an
MALAGA	Espagne	2011	12	1 435	20	-	750	Caténaire	-
MANCHESTER	Royaume-Uni	1992	97	1 435	99	900	750	Caténaire	19
MANILLE	Philippines	1984	51	1 435	40	1 290	750	Caténaire	337
MARACAIBO	Venezuela	2009	7	1 435	6	1 080	750	Caténaire	-
MARSEILLE	France	1978	22	1 435	28	780	750	3e rail	56
MECHHED	Iran	2012	24	-	25	-	-	-	-
MECQUE (LA)	Arabie saoudite	2010	18	1 435	9	2 010	1 500	Caténaire	-
MEDELLÍN	Colombie	1995	29	1 435	25	1 150	750	3e rail et téléphériques	151
MELBOURNE	Australie	2018	-	-	-	-	-	-	-
MEXICO	Mexique	1969	202	1 435	175	1 370	750	3e rail	1 381
MIAMI	USA	1984	36	1 435	22	1 640	750	3e rail	17
MILAN	Italie	1964	75	1 435	84	890	750 ou 1 500	3e rail ou caténaire	320
MINSK	Biélorussie	1984	30	1 524	24	1 260	825	3e rail	255
MONTERREY	Mexique	1991	31	1 435	31	1 020	-	Caténaire	-
MONTRÉAL	Canada	1966	69	1 435	68	1 020	750	3e rail	213
MOSCOU	Russie	1935	302	1 524	146	2 070	825	3e rail	2 331
MÜLHEIM	Allemagne	1935	9	1 435	13	750	750	Caténaire	-
MUNICH	Allemagne	1971	94	1 435	96	982	750	3e rail	342
NAGOYA	Japon	1957	89	1 067+1 435	82	1 090	750 ou 1 500	3e rail ou caténaire	416
NAHA	Japon	2003	13	-	15	-	-	monorail	-
NANKIN	Chine	2005	85	1 435	55	1 540	1 500	Caténaire	142
NAPLES	Italie	1993	52	1 435	48	1 140	1 500	Caténaire	28
NEWARK	États-Unis	1935	2	1 435	4	550	600	Caténaire	-
NEWCASTLE	Royaume-Uni	1980	76	1 435	50	1 530	1 500	Caténaire	37
NEW DELHI	Inde	2002	139	1 676	113	1 230	25 000	Caténaire	298
NEW YORK	États-Unis	1867/1904**	368	1 435	422	8 700	600,625 ou 650	3e rail	1 541
NIJNI NOVGOROD	Russie	1985	15	1 524	13	1 100	825	3e rail	32
NOVOSSIBIRSK	Russie	1986	14	1 524	12	1 190	825	3e rail	68
NUREMBERG	Allemagne	1972	34	1 435	44	790	750	3e rail	112
OSAKA	Japon	1933	138	1 435	104	1 330	750 ou 1 500	3e rail ou caténaire	840
OSLO	Norvège	1966	62	1 435	73	850	750	3e rail	76
PALERME	Italie	1990	39	1 435	18	2 100	3 000	Caténaire	-
PALMA DE MAJORQUE	Espagne	2007	8	1 000	9	920	750	Caténaire	-
PARIS	France	1900	213	1 435	300	710	750	3e rail ou glissières	1 441
PÉKIN	Chine	1969	40	1 435	29	1 379	750	3e rail	30[illegible]
PÉROUSE	Italie	2008	3	-	7	430	-	Traction par câble	-
PHILADELPHIE	États-Unis	1907	62	1 435	62	1 000	685	3e rail	63
PITTSBURGH	États-Unis	1985	1	1 588	3	480	650	Caténaire	-
PORTLAND	États-Unis	1986	85	1 435	85	1 000	750	Caténaire	-
PORTO	Portugal	2002	22	1 435	14	1 550	-	Caténaire	-
PORTO ALEGRE	Brésil	1985	34	1 600	17	1 990	3 000	Caténaire	35
POZNAN	Pologne	1997	6	1 435	6	1 020	750	Caténaire	-
PRAGUE	Rép. tchèque	1974	59	1 435	54	1 090	750	3e rail	369
PUSAN	Corée du Sud	1985	95	1 435	88	1 080	750	3e rail	250
PYONGYANG	Corée du Nord	1973	23	1 435	15	1 500	825	3e rail	34
RECIFE	Brésil	1985	40	1 600	28	1 420	3 000	Caténaire	28
RENNES	France	2002	9	-	15	600	750	VAL	22
RIO DE JANEIRO	Brésil	1979	42	1 600	34	1 240	750	3e rail ou caténaire	131
ROME	Italie	1955	39	1 435	48	810	1 500	Caténaire	322
ROTTERDAM	Pays-Bas	1968	47	1 435	37	1 270	750	3e rail ou caténaire	84
ROUEN	France	1994	2	1 435	5	440	750	Caténaire	-
SAINT-DOMINGUE	Rép. dominicaine	2009	14	1 435	16	-	875	Caténaire	-

Ville	Pays	Date d'ouverture	Longueur approximative (km)	Écartement (mm)	Stations (nombre)	Distance moyenne entre stations (m)	Tension/courant (V)	Système	Millions de voyageurs par an
SAINT LOUIS	États-Unis	1993	74	1 435	37	1 800	750	3e rail	21
SAINT-PÉTERSBOURG	Russie	1955	110	1 524	55	2 000	825	3e rail	801
SALVADOR	Brésil	2011	12	1 435	8	-	3 000	Caténaire	-
SAMARA	Russie	1987	10	1 524	9	1 130	825	3e rail	11
SAN FRANCISCO (BART)	États-Unis	1972	167	1 676	43	3 880	1 000	3e rail	104
SAN FRANCISCO (MM)	États-Unis	1980	6	1 435	9	600	1 000	Caténaire	53
SAN JUAN	États-Unis	2005	17	1 435	16	1 080	750	3e rail	8
SANTIAGO	Chili	1975	92	1 435	93	990	750	Glissières latérales	594
SÃO PAULO	Brésil	1974	70	1 600	59	1 180	750	3e rail	687
SAPPORO	Japon	1971	48	Pneus	46	1 040	750 ou 1 500	3e rail ou caténaire	203
SEATTLE	États-Unis	1990	22	-	28	1 850	1 500	Caténaire	8
SENDAI	Japon	1987	15	1 067	17	880	1 500	3e rail	-
SÉOUL	Corée du Sud	1974	287	1 435	298	960	1 500	Caténaire	1 997
SÉVILLE	Espagne	2009	18	1 435	22	800	750	Caténaire	14
SHANGHAI	Chine	1995	420	1 435	235	1 500	1 500	Caténaire	1 300
SHENYANG	Chine	2009	22	1 435	22	1 000	-	3e rail	-
SHENZHEN	Chine	2004	25	1 435	22	1 150	-	Caténaire	128
SINGAPOUR	Singapour	1987	130	1 435	78	1 660	750	3e rail	644
SOFIA	Bulgarie	1998	18	1 435	14	1 300	825	3e rail	-
STOCKHOLM	Suède	1950	105	1 435	100	1 060	650 ou 750	3e rail	220
STUTTGART	Allemagne	1966	23	1 000 + 1 435	20	-	-	Caténaire	-
SYDNEY	Australie	1926	22	1 435	14	-	750	Caténaire	-
TACHKENT	Ouzbékistan	1977	36	1 524	26	1 390	825	3e rail	69
TAEGU	Corée du Sud	1997	54	1 435	55	980	1 500	Caténaire	107
TAEJON	Corée du Sud	2006	22	-	22	1 030	-	-	28
TAIPEI	Taïwan	1996	94	1 435 + 1 880	80	1 180	750	3e rail + VAL	452
TAMA	Japon	1998	16	-	19	840	-	Monorail aérien	-
TBILISSI	Géorgie	1965	26	1 524	21	1 250	825	3e rail	89
TÉHÉRAN	Iran	2000	66	1 435	52	1 270	750	3e rail	448
TERESINA	Brésil	1991	13	1 000	9zz	1 400	-	Diesel	1,8
THESSALONIQUE	Grèce	2014	9	1 435	13	-	-	-	-
TIANJIN	Chine	1984	72	1 435	37	1 200	-	3e rail	14
TOKYO	Japon	1927	304	1 067, 1 372 ou 1 435	205	1 490	600 ou 1 500	3e rail ou caténaire	3 097
TOKYO	Japon	1964	17	-	11	-	-	Monorail aérien	-
TORONTO	Canada	1954	71	1 435	69	1 030	570 ou 600	3e rail ou 4 rails	271
TOULOUSE	France	1993	28	Pneus	37	750	750	VAL	140
TURIN	Italie	2006	10	Pneus	14	700	750	VAL	31
UIJEONGBU	Corée du Sud	2011	10	Pneus	15	-	750	VAL	-
VALENCE	Espagne	1988	32	1 000	37	-	1 500	Caténaire	18
VALENCIA	Venezuela	2006	6	1 435	7	890	750	Caténaire	17
VALPARAÍSO	Chili	2005	43	1 676	20	2 150	-	Caténaire	-
VANCOUVER	Canada	1986	69	1 435	47	1 480	600	4 rails	72
VARSOVIE	Pologne	1995	23	1 435	21	1 080	750	3e rail	122
VIENNE	Autriche	1976	75	1 435	90	830	750	3e rail	498
VOLGOGRAD	Russie	1984	3	1 524	2	1 650	-	Caténaire	-
WASHINGTON	États-Unis	1976	171	1 435	86	1 750	750	3e rail	217
WUHAN	Chine	2004	28	1 435	27	1 040	-	3e rail	12
WUPPERTAL	Allemagne	1901	13	-	20	670	600	Monorail aérien	-
XI'AN	Chine	2011	26	1 435	20	-	-	-	-
YOKOHAMA	Japon	1972	57	1 435	45	1 100	750	3e rail	192

* *État des réseaux métropolitains au 1er mars 2011, établi avec le concours de Mark Ovenden et Julian Pepinster.*

** *Réseau vapeur / Réseau souterrain et électrique.*

MÉTRO, RAMES FIDÈLES

Un critère d'excellence, pour un réseau de métropolitain, est sa disponibilité pour les usagers. Le métro de Paris est disponible tous les jours de l'année depuis un siècle ; il ne connaît qu'une courte interruption de service entre 1h15 (2h15 les week-ends) et 5h30 du matin, pour d'évidentes raisons de maintenance, comme beaucoup de ses confrères étrangers. Il a fonctionné normalement pendant les deux guerres mondiales, avec seulement quelques périodes de trafic réduit et quelques rares interruptions pendant les alertes de 1940 et 1944.
Les grèves ? Elles ont véritablement démarré en 1919, avec deux jours de grève, révélant la naissance d'un syndicalisme puissant qui doit beaucoup aux conditions de travail pénibles de type minier de l'époque : monde fermé, travail dans l'obscurité et en sous-sol, présence du danger électrique, entre autres. Le métro a connu sept jours d'interruption totale en 1947 (record historique) et une journée en 1949. Lors des autres grèves, un service minimal a toujours été assuré sur un certain nombre de lignes, même en mai 1968 où l'on pleurait à chaudes larmes dans les stations Saint-Michel et Cité, non par romantisme révolutionnaire mais sous l'empire des gaz lacrymogènes lourds et stagnants. Il est vrai que les trois semaines de grève de 1995 ont laissé des souvenirs ; mais, ici comme en 1968, il s'agissait d'un mouvement d'ampleur nationale dans lequel les agents du métro étaient partie prenante. Ce n'était pas une grève du seul métro...

Candélabre, dit du Val d'Osne (vers 1920).

Rotonde de Saint-Lazare : parterre de céramique avec monogramme Nord-Sud (disparu lors de travaux de réaménagement).

Le plus beau de tous les métros du monde ?

On a souvent vanté la beauté du métro de Moscou, et il est vrai que, parmi les cent trente-deux stations de son réseau, une trentaine sont dotées de proportions majestueuses, d'une profusion de colonnades et sont couvertes de dorures et de motifs décoratifs : le tout a bien l'air du palais pour le peuple soviétique que souhaitait Staline. Mais le peuple en question s'entasse tristement dans d'antiques rames brinquebalantes, dont les claquements de portes semblent rappeler impérativement qu'il est l'heure de

Motifs floraux d'encadrement de céramique.

se rendre au travail – du moins à l'époque soviétique, quand il y en avait encore...

En comparaison, Paris présente un ensemble que l'on peut qualifier de plus équilibré : des proportions moindres, mais des décorations très fines, une rare recherche de style donnant une unité cohérente, un véritable art décoratif dans les couloirs et les stations, et un matériel roulant rassurant, rapide et doux à vivre.

Pour l'œil en quête de motifs décoratifs du début du siècle, le métro parisien est un régal perpétuel : carrelages biseautés entourés de frises, cambrure des voûtes des stations en "anse de panier", motifs de céramique aux teintes dégradées et délicates, accès aux stations dans le style "nouille" le plus accompli d'Hector Guimard ou Art déco le plus recherché de Charles Plumet. Les panneaux indiquant le nom des stations sont également remarquables, qu'il s'agisse des anciennes plaques de tôle bleu marine de la CMP ou des fresques de céramique du Nord-Sud dont les encadrements ont des motifs très travaillés. Tout a été soigné, jusqu'aux sous-stations ou aux bâtiments administratifs signés Paul Friésé. Autant de stations-musées à découvrir d'un œil attentif... (Voir les itinéraires, p. 93).

Volutes en fonte de fer : le détail Guimard.

"Libellule" Guimard, parade nocturne à Porte Dauphine.

Lumières de Cité : haie d'honneur sous la très haute voûte. (1991)

CITÉ
ILS SONT FOUS CES
Bistro
ROMAIN!
413
087
RATP
RATP

Le métro ne manque pas d'air !

En 1930, déjà, se posait la question de savoir si le métro était respirable. La très sérieuse *Revue générale des chemins de fer (RGCF)* présente, dans son numéro de septembre 1931, les résultats de tests – que l'on ne nomme pas encore "écologiques" – visant à mesurer la présence de CO_2 dans l'air du métro de Paris, comparée à d'autres points de la capitale.

Lieux	Teneur en CO_2 (en l/m^3)
Sommet de la tour Eiffel	37,5
Rue du 4e arrondissement	44
Métropolitain	**69**
Palais de justice	136
Écoles communales	169
Ateliers de couture	458
Réunions publiques	523

On comprend aisément que la fréquentation du métro est préférable à celle du Palais de justice ou des écoles ; si l'on peut se dispenser de travail – surtout dans la couture –, c'est tant mieux, et l'on aura soin de fuir les réunions publiques de toutes sortes !

Récemment, la même *RGCF* revenait sur la question, en notant que "les odeurs, à la RATP, font partie de l'histoire de l'entreprise". De l'entreprise ou de son métro ? En tout cas, on apprend que l'odeur du métro, indéfinissable mais chère au cœur des Parisiens, est faite de poussière de freins, de caoutchouc chaud, d'eaux stagnantes, de produits d'entretien, formant ce que l'on appelle un "paysage olfactif". Ce "paysage", loin d'être dangereux, se compose essentiellement d'acides carboxyliques C1 à C5, de composés soufrés, d'alcanes, d'hydrocarbures. Le traiter pour le rendre plus neutre coûterait une fortune sans que le gain soit, sur le plan olfactif, appréciable. L'acide pentanoïque, produit par le système de freinage et l'entassement des voyageurs, serait ce qui sentirait le plus mauvais : en attendant que l'on se lave un peu plus et que les rames freinent un peu moins, il n'y a, apparemment, aucun danger à continuer à prendre le métro.

Le "paysage olfactif" à Château d'Eau, aux premières lueurs du métro...

Billet "Rue d'Allemagne" (ex-station Jaurès).

La traversée du siècle : le ticket chic et choc

Ceux qui ont déjà pris le métro de Londres savent qu'il en coûte 2 euros le trajet simple limité à quelques stations. Quelques grandes villes américaines, comme New York, affichent des billets à 1,5 dollar pour un trajet limité au centre-ville. Il n'est pas toujours question de se promener sur tout le réseau pour le prix d'un seul billet comme à Paris.

En 1900, le ticket chic et choc bien parisien coûte 15 centimes en 2e classe et il faut débourser 20 centimes pour un aller et retour. Les carnets de 10 billets sont rapidement proposés à la vente, suivis, en 1904, des cartes hebdomadaires. Les prix restent stables à la Belle Époque et les premières augmentations se produisent après la Première Guerre mondiale.

Sachant que, vers 1910, un ouvrier gagne 5 francs par jour (salaire réclamé lors de la "Grève de la tune"), il peut effectuer 33 trajets par jour. En 2011, un salaire journalier au SMIC mensualisé à 1073 euros équivaut à 35 euros par jour soit environ 29 trajets à 1,20 euros (au prix du billet par carnet de 10). Après un siècle d'existence et deux guerres mondiales, le fameux ticket n'a donc pas perdu sa valeur sociale.

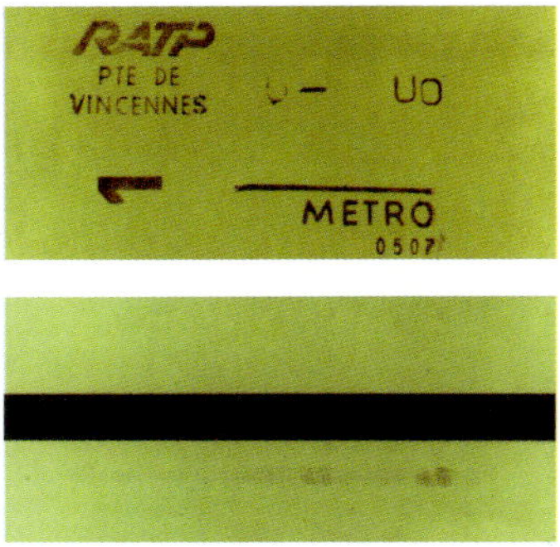

1969 : apparition de la bande marron, élégante... et magnétique !

1938, Paris se visite en métro : appareils distributeurs de tickets-itinéraires "Quo Vadis".

Pour le côté chic du ticket, l'élégante bande marron date de 1969, une année après que les étudiants réformèrent le monde... et la RATP sa billetterie : à chacun son horizon. Ce nouveau système de bande magnétique permet une utilisation et une gestion plus faciles et plus souples. En mars 1975, le métro connaît une grande révolution avec la naissance de la Carte Orange, simplifiant la vie à 10 millions d'usagers ; elle devient hebdomadaire en 1982 avant de passer annuelle ou "intégrale" en 1984. Enfin, il reviendra à la gauche au pouvoir et à son ministre communiste des Transports, Charles Fiterman, de régler définitivement la grande question de la lutte des classes en supprimant les premières. Il faut bien confesser que le métro parisien était l'un des rares au monde à pratiquer encore les deux classes : pour être révolutionnaire, cette mesure de justice sociale avait donc quelques métros de retard[1]...

1. Notons, pour la curiosité du fait, que les autobus de la RATP avaient aussi jadis deux classes : les bourgeois étaient assis à l'avant sur les deux premières rangées de sièges en vis-à-vis, tandis que le peuple occupait l'espace restant, notamment la plate-forme.

Télésurveillance à la station République : dans le métro, les murs ont des yeux et des oreilles...

Circulez, il n'y a rien à craindre

Le nombre de voyageurs dans le métro est d'environ 5 millions par jour, correspondant approximativement à la moitié du trafic assuré par la RATP au quotidien. Le nombre de voyageurs tués par le fait du métro lui-même est voisin de zéro – le métro a connu un accident meurtrier en 1903 (voir encadré ci-contre) et, malheureusement, quelques imparables suicides. Le risque "technique" du métro comparé à l'automobile ou à l'avion est quasi nul : pas de carambolages autoroutiers, pas de carrefours ni de "points noirs" meurtriers, jamais de verglas, de brouillard, de conditions météo désastreuses ni même de turbulences, encore moins de catastrophes à l'atterrissage ou au décollage. Le premier accident entraînant un versement s'est produit après un siècle d'exploitation, à la fin du mois d'août 2000, lorsqu'une voiture s'est couchée sur une voie de la station Notre-Dame de Lorette, mais n'entraînant aucun mort. La civilisation automobile s'accommode, pour sa part, de bilans plus meurtriers, affichant en moyenne 50 à 100 morts par week-end. Les agressions ? Entre quatre et six par jour en moyenne, mais les voyageurs n'ont pratiquement rien à craindre, car la plupart des exactions sont commises contre le matériel, les biens ou les agents de la RATP eux-mêmes. Le risque d'une "agression" par électrocution quand on bricole chez soi avec sa perceuse est statistiquement plus grand ! Conclusion : quand on aime la vie, on prend le métro !

Notons qu'actuellement environ 800 policiers sont présents en permanence dans le métro, ajoutés aux 200 agents de contrôle circulant en équipes (très) mobiles formées d'environ 6 personnes et aux 1 200 agents de sécurité du réseau de la RATP. L'ensemble du réseau est sous surveillance vidéo.

Enfin, ce n'est pas dans le métro que l'on se fait tuer : statistiquement, on y est huit fois plus en sécurité que sur la voie publique parisienne[1] !

1. D'après Alain Caire, directeur de la Sécurité de la RATP, qui se réfère au "Contrat départemental de sécurité dans les transports en commun parisiens" d'octobre 1999 : dans le métro, "le rapport de la délinquance n'est que de 17,14 pour mille en 1998, soit un taux de criminalité huit fois moindre dans les souterrains du réseau ferré que dans la capitale en globalité".

1903 : L'ANNÉE NOIRE

Le 10 août 1903, une rame à voitures en bois quitte la station Porte Dauphine et parcourt la ligne 2 pour arriver à Barbès, à 18h53, avec un début d'incendie sous la motrice de tête. Les voyageurs sont évacués et l'incendie éteint. La rame continue son trajet à vide pour gagner l'autre terminus de la ligne (alors à Bagnolet, Nation n'est pas encore atteint). Poussée par une rame suiveuse à partir de la station Rue d'Allemagne (aujourd'hui Jaurès), elle aussi vidée de ses voyageurs, la rame en panne continue son trajet, ses motrices toujours sous tension, car il est techniquement impossible de les isoler à l'époque.
À Ménilmontant, l'incendie reprend avec rage, les fumées envahissent tout le tunnel. Les fils électriques fondent et le courant est coupé. Une rame pleine de voyageurs est arrêtée à la station Couronnes, derrière les deux rames vides. Malgré les injonctions des agents, les voyageurs refusent d'évacuer la station, réclamant surtout le remboursement de leur billet : "Trois sous" ! Puis, dans l'obscurité et la fumée, la panique s'empare des malheureux qui avaient refusé de s'enfuir à temps ; ils tentent de gagner le quai, les couloirs, ou de s'enfuir par le tunnel. C'est une bousculade infernale ; l'asphyxie, peu à peu, paralyse les malheureux voyageurs. Quatre-vingt-quatre d'entre eux seront victimes de ce qui reste la catastrophe du siècle pour le métro.
Le choc dans l'opinion est considérable. Les jours qui suivent, la fréquentation du métro baisse de 40 %.
Le métro est alors entièrement repensé : entre autres mesures de sécurité, on programme le remplacement des rames à caisson en bois par du matériel métallique à bogies et la division des lignes en secteurs électriques indépendants ; on ménage la possibilité d'isoler électriquement les motrices individuellement en cas de besoin et on prend grand soin de baliser très clairement les itinéraires de sortie dans les stations en les dégageant de tout objet en saillie (bancs, etc.) susceptible de gêner une évacuation d'urgence.

Le Petit Journal
SUPPLÉMENT ILLUSTRÉ
DIMANCHE 23 AOUT 1903
TERRIBLE CATASTROPHE DU MÉTROPOLITAIN
Découverte des premiers cadavres

Les aléas du trafic

Il arrive parfois qu'une rame stationne à quai plus longuement que d'habitude. Quelle qu'en soit la cause, il faut savoir qu'elle obéit à un système d'exploitation de la ligne hautement surveillée et qu'elle rattrape toujours son retard.

Les lignes sont sous la dépendance d'un poste de commande et de contrôle centralisé (PCC) qui assure, entre autres tâches, la régulation de la circulation des rames, la régulation de l'énergie électrique, l'aide aux conducteurs, etc. Tous les agents d'une ligne, y compris les conducteurs, ont donc une "vue" globale de ce qui s'y passe ; ils peuvent tous communiquer entre eux et concerter leurs moyens d'intervention.

Le principe de l'exploitation d'une ligne de métro pourrait être comparé à celui d'un télésiège ou d'une chaîne à godets : les rames se succèdent à intervalles réguliers, roulant toutes à la même vitesse. Sur chaque ligne, il y a des marches types correspondant à des intervalles entre les rames. Si une rame est retardée, il ne sert à rien de laisser les autres rames rouler à la vitesse normale et venir s'accumuler derrière elle, pour celles circulant dans le même sens, ou s'accumuler en attente au terminus, pour celles circulant en sens inverse.

D'autant qu'une rame qui prend du retard en accumule davantage encore : à chaque station, elle trouve un quai débordant de monde, les voyageurs s'étant "agrégés" pendant un temps beaucoup plus long que prévu normalement. Les usagers mettent d'autant plus de temps à monter ou à descendre de la rame : c'est l'amorce d'un cercle vicieux, dit "boule de neige" par les exploitants, dont il faut

Loge de conduite d'une rame MF 67 sur la ligne 2.

rapidement sortir. Toute la ligne est donc ralentie pour maintenir, d'une manière calculée avec précision, un intervalle optimal entre les rames, quitte à rester à quai plus longtemps que prévu. En compensation, le mouvement de la rame retardatrice est accéléré jusqu'à ce que le trafic normal soit rétabli.

Si votre rame stationne un peu plus longtemps que d'habitude ou roule plus lentement, sachez que le conducteur n'est pas en train de faire des mots croisés ou de s'absorber dans une conversation sur son portable, mais qu'il sait exactement ce qu'il doit faire : rattraper le temps perdu.

Le "cinéma" des rames modernes

L'usager peut lire tranquillement son roman policier sur le quai et monter sans la regarder dans la première rame venue – ou la deuxième, s'il est juste au moment fatidique où l'assassin est démasqué. Car le métro de Paris n'impose pas, comme dans d'autres capitales, que l'on tende le cou pardessus la foule pour lire la destination affichée à l'avant des rames : toutes vont au même endroit, le terminus de la ligne, et s'arrêtent à toutes les stations[1].

Les chiffres affichés à l'avant des rames, dans ce que l'on appelle le "cinéma" en langue métro, ne sont pas destinés aux voyageurs, mais à l'exploitation. Que signifient ces chiffres mystérieux ? Il y a, en fait, deux numéros distincts : le premier est celui de la ligne, le second est celui du service assuré par la rame. Du temps des rames Sprague, le service était affiché au moyen d'une plaque métallique accrochée à l'avant, et "plaquer la rame" signifiait qu'on lui attribuait un service. Le "cinéma" lumineux est né avec les rames modernes.

Une rame Sprague-Thomson "plaquée direction République".

1. Sauf pour les lignes "à fourche" (lignes 7 et 13), mais la direction est dans ce cas signalée par haut parleur dans la rame à l'intersection en question ; un indicateur lumineux, jaune ou bleu, placé dans la voiture précise par ailleurs le terminus desservi.

Toujours à l'avant des rames, mais en bas et près du quai, on trouve un numéro formé d'autocollants (chiffres blancs sur fond noir). Ce numéro sert à identifier la rame sur le plan statistique et à connaître son "travail" : kilométrage parcouru, nombre de trajets quotidiens, nombre de journées en ligne, passages en atelier, etc.

Sur le côté des rames, on trouve les numéros individuels des motrices et des remorques, indispensables pour leur suivi statistique et technique, car il arrive parfois, pour des raisons techniques, qu'elles soient retirées d'une rame et remplacées par d'autres.

Signaux et indications : mode d'emploi

En 1900, le métro équipe ses lignes de la signalisation américaine Hall, jugée à l'époque la meilleure qui soit, même si elle est complexe et fragile. Dès 1906, le métro parisien se dote lui-même d'une signalisation électrique automatique dont bien des réseaux de chemin de fer des grandes lignes nationales rêveront pendant longtemps. Aujourd'hui, le métro est pourvu d'une signalisation très perfectionnée, plus performante que celle des grandes lignes de la SNCF, assurant l'espacement des rames et la sécurité des voyageurs.

Les signaux que nous pouvons couramment observer sont placés en général en tête du quai (pour être visibles par le conducteur de la rame). On remarque, par exemple, un signal en forme de croix lumineuse : il indique simplement que la voie est bien sous tension électrique. En cas d'interruption de tension, la croix se mue en une barre horizontale. On peut aussi voir un indicateur constitué de trois petits feux blancs en triangle : son allumage donne le "DSO", ou départ sur ordre, autorisé par le chef de régulation en cas de perturbation ; il peut aussi prévenir, grâce au signal "AA-HS" qui s'affiche en lettres bleues, que le circuit des avertisseurs d'alarme est hors-service ; enfin, il peut afficher un rectangle orange lumineux clignotant dit "SS", pour service de sécurité, ou "SSO", service de sécurité sur ordre. On voit aussi, parfois, une plaque accrochée au même endroit, en bout de quai, dans le champ de vision du conducteur : on peut y lire "SP", pour service provisoire ; "CM", pour conduite manuelle quand le pilotage automatique est défaillant; ou les termes, plus explicites, "Arrêt", "Limite de manœuvre", "Personnel sur les voies", etc.

Quand la rame roule entre deux stations, d'autres signaux sont visibles le long de la voie qui est divisée en cantons : l'arrivée d'une rame dans un canton est signalée par un feu lumineux qui passe du vert au rouge, et ce jusqu'à

Signal lumineux indiquant le départ sur ordre (trois points clignotants), le non-fonctionnement des avertisseurs d'alarme (fond bleu), l'ordre de marche à vue, en cas d'avarie des signaux, par exemple (fond orange).

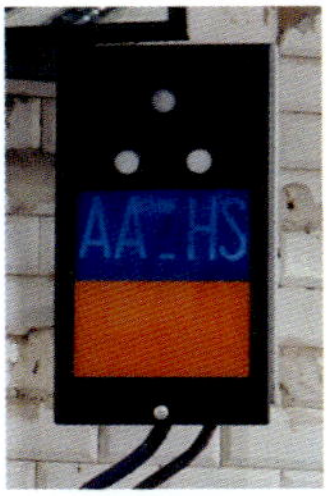

Indication CM imposant la conduite manuelle lors d'un dysfonctionnement.

Voie de garage au terminus de Balard.

ce que la rame ait quitté le canton en aval. Une rame est toujours protégée par deux signaux successifs au rouge.

La signalisation est donc à deux feux : rouge et vert. Dans certains cas, on trouve un feu jaune intermédiaire : il annonce un feu rouge invisible à distance, car placé dans une courbe serrée (signal dit “répétiteur”), et certains signaux placés en amont, à l’entrée en station, peuvent permettre d’entrer sur le jaune si la voie est libre (“signal d’entrée permissif”) afin d’améliorer la fluidité du trafic. On peut voir des signaux répétiteurs au milieu d’une station en courbe comme, par exemple, celle de la Gare de l’Est, ligne 7.

Comme toutes les stations sont des points d’arrêt, l’implantation des signaux commence par les signaux d’entrée et de sortie des stations qui sont la base du système. Entre les stations, en revanche, l’implantation tient compte du profil et du tracé de la ligne.

Tous les Parisiens ont été intrigués, dès leur plus tendre enfance, par ces lettres bizarres peintes sur les murs des tunnels, qui semblent provenir d’un alphabet d’une autre planète : il s’agit simplement du repérage des zones de visibilité réduite, en général des courbes de très faible rayon (voir schéma ci-dessous).

Dans les tunnels, on trouve aussi fréquemment des rectangles verticaux peints en rouge vif bordés de blanc sur les piédroits : il s’agit de repères facilitant la localisation des appareils de sectionnement électriques que l’on aperçoit au centre du rectangle.

Il existe enfin des signaux spéciaux, rarement visibles depuis les quais ou les rames en service. Ils sont utilisés pour les zones de manœuvres, pour les opérations de garage en terminus ou pour les raccordements en diagonale de deux voies en pleine ligne quand il faut faire passer les rames d’une voie à une autre ou, par exemple, pour l’exploitation partielle d’une ligne hors de la partie bloquée par un incident.

Avertisseur d’alarme électrique repéré par un motif vertical rouge et blanc.

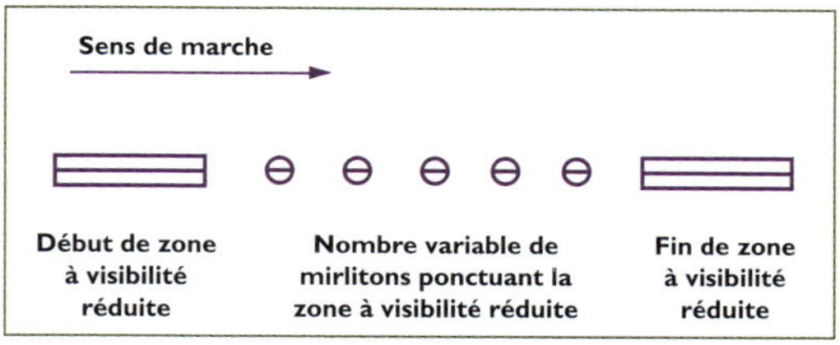

Repérage d’une zone de visibilité réduite.

Le mystère des tunnels interdits

Comme tant d’autres enfants de Paris, l’auteur de ce livre était fasciné par ces sombres tunnels secrets, souvent à voie unique, que les rames n’empruntaient jamais. Scandalisé par l’indifférence des adultes face à ce mystère, et à défaut d’obtenir une explication claire et cohérente de leur existence, il imaginait que ces tunnels courbes, obscurs et étroits menaient vers des pays imaginaires, des mondes parallèles et “underground”...

Il n’y a pas de parcours en métro sans que l’on ne voie, souvent aux approches d’une station, un tunnel dont la voie unique s’embranche sur celle que la rame utilise. Plusieurs explications sont possibles : il peut s’agir soit d’un tunnel “mort” à la suite d’une modification de parcours d’une ligne, soit d’un raccordement de service entre deux lignes en correspondance dans une même station, soit d'un accès à des garages ou des ateliers. Les grandes boucles des terminus de certaines lignes, comme Étoile, Nation ou Italie, sont très riches en ramifications et, quand la rame en fait le tour en fin de parcours ou pour un nouveau départ, on peut voir, de part et d'autre de la voie, des rames immobiles pointant leur nez hors du tunnel comme des taupes.

Une étude attentive d'une carte complète du réseau, dite "Plan schématique des voies et des appareils de voie", fait apparaître une abondance de sites tout aussi complexes : République, station-carrefour où de nombreuses lignes communiquent entre elles ; l'ensemble d'Auteuil, avec ses ateliers et sa mystérieuse station fantôme Porte Molitor (voie Murat) ; celui, tout proche, de la Porte de Saint-Cloud ou de la Porte de Choisy, véritable dédale ; l'immense tunnel à quatre voies de la Porte de Charenton et les sites très importants du Pré-Saint-Gervais-Gambetta-Saint-Fargeau ou de Cluny-Cardinal-Lemoine. Sans oublier les anciens terminus, avec ou sans boucle de retournement, abandonnés pour cause de prolongement : Porte Maillot, Porte de Champerret, Porte de la Villette, Invalides, en plein cœur de Paris, ou encore Villiers, dont la mystérieuse boucle sous le parc Monceau a été transformée en salle de classe pour la formation du personnel.

Rames "taupes" dans les voies de garage de Nation, ligne 2.

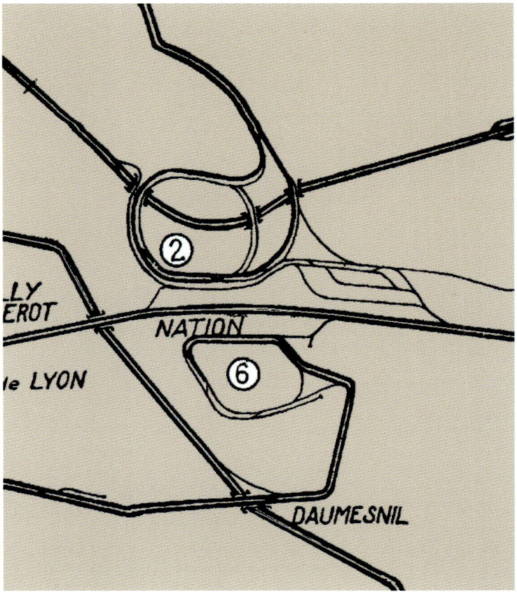

La place de la Nation, Auteuil, l'Étoile, les Invalides, la place d'Italie et les sites du sud-est et du nord-est de Paris sont parmi les plus riches en raccordements. Boucles de retournement, raccordements entre lignes, voies de garage, autant d'embranchements mystérieux à découvrir.

Réaumur-Sébastopol. Un de ces mystérieux accès de petite taille adaptés par Guimard... ouverts seulement à certaines heures.

Au cœur des stations

La station permet de prendre le métro, puis d'en sortir. Elle se compose de ce que l'on appelle un accès (la bouche de métro), avec son entourage (ceux de Guimard sont les plus connus), son porte-plan et son candélabre permettant de lire le mot "Métro" ou la lettre "M" à grande distance.

Ensuite, c'est le voyage d'Orphée descendant aux Enfers à la recherche d'Eurydice, avec passage obligé par la salle des billets ou par une entrée réservée aux voyageurs munis de billets. On franchit la ligne de péage avec le tripode, en y glissant son ticket, et on gagne les quais... éventuellement en courant parce que l'on entend venir une rame.

Longues de 75, 90 ou 105 m, les stations sont soit souterraines, soit aériennes.

LES STATIONS : POINTS D'ARRÊT OU GARES ?

Une distinction fondamentale s'impose entre une gare, permettant le stationnement des rames, et une station, qui est un simple point d'arrêt. En théorie, donc, un certain nombre de stations du métro sont des gares, notamment les terminus. Mais, pour l'usager, elles restent des "stations" et, par commodité, nous conserverons ce terme. On notera d'ailleurs que la SNCF désigne comme des "stations" ses très petites gares et les chemins de fer d'intérêt local : est-il un moyen de transport dont "l'intérêt local" soit aussi indiscutable que celui du métro parisien ? Autre distinguo qui a son importance : une station peut avoir un seul point d'arrêt ou plusieurs. La "station nominative" Opéra, par exemple, comprend six points d'arrêt disposés sur les lignes 3, 7 et 8. Là encore, nous emploierons le terme de station.

Le candélabre du métro, façon Météor.

Les stations souterraines

Les stations voûtées avec leur revêtement de carrelage blanc sont les plus familières et les plus nombreuses. Il existe aussi des stations à couverture métallique facilement reconnaissables à leur plafond plat soutenu par de grosses poutrelles en acier avec remplissage par voûtains les séparant. Ces stations, établies à une faible profondeur en sous-sol, sont implantées juste sous la chaussée, comme Concorde sur la ligne 8, Gare de Lyon sur la ligne 1, Gare de l'Est sur les lignes 5 et 7.

Les stations placées au carrefour de deux ou plusieurs lignes sont des stations de correspondance, dont les couloirs sont bien connus de l'usager moyen. Les escaliers, situés en général aux deux extrémités des quais, donnent accès parfois à d'autres endroits du quai selon les impératifs dictés par la disposition générale des lieux. Les stations devraient être équipées de deux accès aux quais (élément de sécurité préconisé depuis la catastrophe de Couronnes), mais beaucoup ont encore des quais à un seul accès, dont... Couronnes ! En fait, la seule obligation faite à la RATP est de doter les stations nouvelles de deux accès, ce qui est le cas sur les prolongements de lignes de ces dernières décennies. Mais ces accès supplémentaires sont peu utilisés et servent surtout de refuge à des personnes démunies.

Coupe d'une station traditionnelle à deux voies bordées de deux quais.

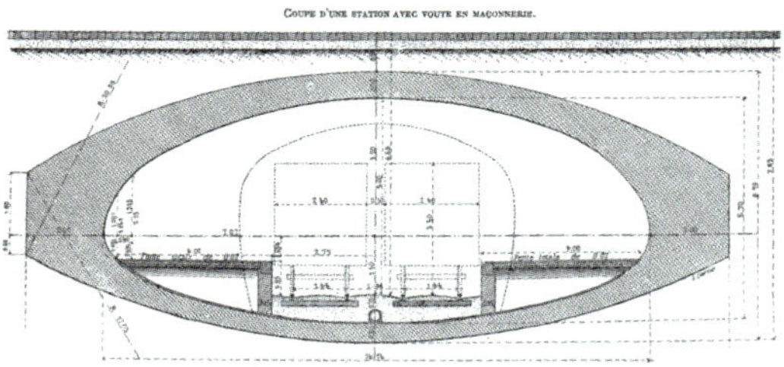

Escaliers d'accès à la station Place d'Italie.

Cette gravure célèbre, publiée dans de nombreux journaux des années 1920, montre le "système" de la station Abbesses : composé d'escaliers impressionnants et d'ascenseurs, il offre, pour la première fois dans l'histoire des techniques, des solutions permettant au grand public d'évoluer à une grande profondeur sous terre.

Personne n'aime les escaliers dans le métro, surtout à notre époque encombrée de poussettes et de valises roulantes. Dès 1906, la Compagnie du chemin de fer métropolitain parisien s'engage à installer des escaliers mécaniques (ou exceptionnellement des ascenseurs) dès que la hauteur ou la profondeur des quais dépasse 12 m par rapport au sol et 8 m par rapport à la salle des billets. Inutile de dire que des stations comme Place des Fêtes ou Buttes-Chaumont, obligeant à une escalade équivalente à celle d'un immeuble de sept ou huit étages, furent prioritaires et équipées avant la Première Guerre mondiale, précédant de peu Abbesses ou Lamarck-Caulaincourt.

Les stations aériennes

Plus rares sur le réseau, les stations aériennes sont surtout concentrées sur les lignes 6 (Étoile - Nation par Denfert-Rochereau) ou 2 (Porte-Dauphine - Nation par Barbès-Rochechouart), la largeur des boulevards sur ces tracés permettant d'économiser les frais de percement d'un tunnel. Ces stations sont remarquables sur le plan architectural, combinant les techniques de la maçonnerie, de la pierre taillée et de la construction métallique comme on le concevait au début du XXe siècle. On notera aussi la couverture des stations, soit partielle avec des marquises

Escaliers mécaniques, ligne 6 : destination Cambronne.

abritant seulement les quais (ligne 2), soit intégrale avec une grande verrière unique couvrant quais et voies (ligne 6, sauf Bel-Air). Les escaliers sont souvent d'une grande beauté, avec des formes hélicoïdales et des structures courbes.

Le style des stations

Très réussi, avec son carrelage blanc, ses voûtes en anse de panier sans oublier ses décorations Guimard, le style des stations du métro parisien n'a guère varié jusqu'aux années 1950, à partir desquelles l'on s'attacha plutôt à suivre les modes du moment, plus ou moins colorées...

Évolution du carreau blanc

Au sortir du siècle de Pasteur, les premières stations du métro parisien ont des objectifs simples : hygiène et lumière. Entièrement recouvertes de carreaux blancs biseautés, visant à amplifier un éclairage particulièrement performant pour l'époque – mais encore insuffisant pour y lire son journal ! –, elles présentent comme seule décoration de petites plaques de tôle émaillée indiquant le nom de la station qui, rapidement, seront rejointes par des affiches publicitaires collées à même la voûte. L'apparition, en 1911, du Nord-Sud apportera une évolution notable au style des stations, qui se voient ornées de faïences colorées et de carrelages bruns délimitant les espaces publicitaires.

Via l'accès Guimard... et les autres

L'élément de décor le plus connu des stations de métro est, sans nul doute, la superstructure des accès dessinée par Hector Guimard, aujourd'hui véritable emblème du métro.La RATP ne se contente pas d'entretenir les quelque quatre-vingt-six entourages Guimard toujours en place, mais procède, le cas échéant, à leur remplacement par des pièces neuves

Auvent de l'accès Guimard, Porte Dauphine, 1900.

Frise en céramique. Le moindre détail du métro a une valeur patrimoniale.

Indications d'exploitation découvertes contre la faïence Nord-Sud à la station Place de Clichy après démontage du carrossage publicitaire.

"Libellule" Guimard
en embuscade,
à la station
Porte Dauphine.

fabriquées en atelier d'après les moules d'origine précieusement conservés. Les réalisations de Guimard sont visibles, par exemple, aux stations Abbesses, Mouton-Duvernet, Daumesnil, Porte Dauphine, Réaumur, Colonel Fabien, Bolivar et aussi place Sainte-Opportune, aux Halles, où la RATP a réinstallé l'une de ses superbes "libellules". Les accès des années 1910 et du Nord-Sud sont visibles, entre autres, à Solférino, Saint-Georges, Volontaires ; les années 1920 sont représentées à Porte des Lilas, Pernety, Vaneau ou encore à Sèvres-Babylone, les années 1930 à Louise Michel ou à Robespierre.

Le style qui refuse Guimard : détail des stations Volontaires et Vaneau.

Design et architecture

C'est au lendemain de la Seconde Guerre mondiale que l'on crut bon d'appliquer les bienfaits du design à un ensemble architectural et décoratif superbe qui ne le réclamait guère...

Les années 1950-1960 virent l'apparition du carrossage publicitaire. Les stations, dont la modernisation se voit financée par la publicité, furent recouvertes d'une carrosserie en tôle peinte montant des quais jusqu'à mi-hauteur de la voûte, apte à recevoir le panneautage. L'opération commença en 1952 à Franklin D. Roosevelt (ligne 9) et cessa en 1967. Face aux problèmes de maintenance posés par le carrossage publicitaire, la décennie suivante opta pour un revêtement réalisé avec de grands carreaux plats et carrés, de couleur orange, jaune et rouge, selon la mode de l'époque, disposés en bandes longitudinales jusqu'à mi-hauteur de la voûte laissée nue et peinte : c'est le style "Mouton-Duvernet", du nom de la première station qui s'est vu administrer ce type de traitement.

Franklin D. Roosevelt en 1957, première station carrossée.

En 1973, sous l'impulsion d'un comité d'esthétique chargé d'établir un cahier des charges du métro "de demain", on revint aux carrelages classiques, mais avec des novations discrètes, notamment un éclairage particulier, visant à mettre en valeur l'architecture. C'est le style "Andreu-Motte", reconnaissable à deux longues rampes lumineuses (lampes au sodium) abritées par un coffrage de

Station Pasteur, au temps du carreau orange (Andreu et Motte, 1973).

section rectangulaire placé au-dessus de chaque quai et assorti à la couleur des sièges "coque" de la station : Pont-Neuf, Ledru-Rollin et Voltaire inaugurèrent le mouvement, suivies de beaucoup d'autres comme Concorde (ligne 1) ou Trocadéro.

En 1988 apparut le style "Ouï-dire" (du nom de l'agence qui fit naître cette décoration). Cette fois, les rampes lumineuses sont chromées, leur dessin plus arrondi et les consoles qui les supportent affectent curieusement la forme d'une faux. La voûte est éclairée aux couleurs de l'arc-en-ciel comme à Nation (ligne 1), Louis Blanc, Stalingrad (ligne 7), Buzenval...

Enfin, en 1992, l'année où la RATP adopta la couleur vert jade pour son matériel, il fut question de rendre le métro encore plus lumineux, plus confortable, afin de donner aux usagers une impression de sécurité et de propreté. Chacun sait qu'entre autres bienfaits la lumière induit le sentiment de sécurité, le comportement citoyen et le dialogue convivial... Rampes lumineuses, cloisons de verre et revêtements en acier inoxydable

La "station de demain", préfigurée en 1996 à Saint-Ambroise, dans le cadre de l'opération "Renouveau du métro".

Les "faux" du style Ouï-dire à la station Montparnasse-Bienvenüe.

pourvoient à ce noble programme. À ce titre, la station Saint-Ambroise, aménagée en 1996 par les architectes Henri et Bruno Gaudin, est un prototype grandeur nature des modernisations en cours dans de nombreuses stations.

La ligne 14, enfin, réalisée par les architectes Pierre Sirvin et Michel Guerrier et mise en service en 1998, marque un tournant dans l'évolution du style des stations, qui disposent d'une ampleur incomparable à celles du reste du réseau. L'aménagement, signé Kohn, Charpentier et Grumbach, privilégie le verre (sous forme de briques pour les parois ainsi que pour les garde-corps et les portes palières) et le béton, et forme un carrossage abritant les équipements techniques et les sources lumineuses. La station Gare de Lyon, avec sa serre tropicale, est l'une des plus surprenantes.

Ambiance tropicale à la station Gare de Lyon ; cet espace était destiné à accueillir un accès au musée des Transports, hélas non réalisé.

Le Kiosque des Noctambules, effet de style dans la ville…

LA RUÉE DU MÉTRO… VERS L'ART

En matière de décoration des stations comme de leurs accès, l'heure est au renouveau par l'art : les statues de Rodin se sont installées sur le quai de la station Varenne ; place Colette, l'une des sorties de la station Palais-Royal-Musée du Louvre, s'est vue ornée d'un kiosque lumineux dû à l'artiste Jean-Michel Othoniel. Fait de métal et de grosses perles de verre de Murano, l'effet de cette entrée inédite est des plus heureux. Que dire, aussi, de la magnifique "libellule" Guimard surmontant depuis peu de temps l'accès de la station Châtelet situé place Sainte-Opportune, près des Halles ? L'idée d'un métro devenant un musée ferait-elle son chemin ?

D'une station à l'autre : avatars de la nomenclature

Les changements de nom ont affecté quarante-neuf stations depuis la création du métro parisien... et ce n'est certainement pas fini. La pression des événements ou les intérêts de lobbies divers joueront sans doute encore en faveur de nouvelles appellations. Certaines s'imposaient d'elles-mêmes comme ce fut le cas, à l'époque de la Première Guerre mondiale, pour la station Rue d'Allemagne. Autant que les guerres, sinon davantage, les après-guerres sont des périodes privilégiées de toilettage de la nomenclature : entre 1945 et 1946, pas moins de dix stations changèrent de nom pour honorer les héros de la Résistance et de la Seconde Guerre mondiale.

Avoir "sa" station de métro est une consécration devant le monde entier, obligeant des millions de voyageurs quotidiens et de touristes à se souvenir d'un nom qui, sinon, n'aurait peut-être pas accédé à l'immortalité. Mais combien d'usagers du métro parisien savent qui furent ces hommes ou quels sont ces lieux dont ils lisent tous les jours le nom dans les stations ou dans les couloirs de correspondance ? Qui a jamais remarqué la petite vitrine en hommage à Guy Môquet qui se trouvait encore récemment dans la station du même nom sur la ligne 13 ? Qui remarquera celle, toujours en place sur la ligne 7 bis, consacrée à Simon Bolivar ? Et il n'est pas sûr que le confesseur jésuite de Louis XIV qui ramena le Roi-Soleil à la dévotion ait aujourd'hui une influence spirituelle aussi forte sur les âmes égarées dans les couloirs de la station Père Lachaise...

La station Guy-Môquet et sa vitrine en hommage au résistant, au temps du carrossage publicitaire.

D'une guerre à l'autre, Combat se nomme Colonel Fabien et Rue d'Allemagne s'efface devant Jaurès.

LES STATIONS QUI ONT CHANGÉ DE NOM

Ancienne appellation	Date de changement	Appellation suivante
Alma (à ne pas confondre avec Alma-Marceau)	1920	George V
Aubervilliers-Boulevard de la Villette	1946	Stalingrad
Avenue de Suffren	1907	Rue de Sèvres
Bagnolet	1970	Alexandre Dumas
Boulevard Saint-Denis	1931	Strasbourg-Saint-Denis
Beaugrenelle	1945	Charles Michels
Berlin	1914	Liège
Boulets-Montreuil	1998	Rue des Boulets
Boulevard Barbès	1907	Barbès-Rochechouart
Caumartin	1926	Havre-Caumartin
Champs-Élysées	1931	Champs-Élysées-Clemenceau
Charenton	1939	Dugommier
Combat	1945	Colonel Fabien
Commerce	1937	Avenue Émile Zola
Étoile	1970	Charles de Gaulle-Étoile
Gare d'Orléans	1930	Gare d'Austerlitz
Grenelle	1949	Bir-Hakeim-Tour Eiffel
La Motte-Picquet	1913	La Motte-Picquet-Grenelle
Lancry	1946	Jacques Bonsergent
Louvre	1989	Louvre-Rivoli
Marbeuf	1942	Marbeuf-Rond-point des Champs-Élysées
Marbeuf-Rond-point des Champs-Élysées	1946	Franklin D. Roosevelt
Marcadet	1931	Marcadet-Poissonniers
Marcadet-Baligny	1946	Guy Môquet
Montparnasse	1940	Montparnasse-Bienvenüe
Obligado	1948	Argentine
Palais-Royal	1989	Palais-Royal-Musée du Louvre
Petits Ménages	1945	Corentin Celton
Place Mazas	1907	Pont d'Austerlitz
Pont d'Austerlitz	1916	Quai de la Rapée
Pont de Flandre	1946	Corentin Cariou
Pont Notre-Dame	1926	Pont Notre-Dame-Pont-au-Change
Pont Notre-Dame-Pont-au-Change	1934	Châtelet
Reuilly	1931	Reuilly-Diderot
Rue d'Allemagne	1914	Jaurès
Rue d'Aubervilliers	1942	Aubervilliers-Boulevard de la Villette
Rue de Sèvres	1913	Sèvres-Lecourbe
Rue Montmartre	1998	Grands Boulevards
Rue Saint-Denis	1907	Réaumur-Sébastopol
Saint-Mandé	1937	Picpus
Saint-Sébastien	1933	Saint-Sébastien-Froissart
Sèvres-Croix Rouge	1923	Sèvres-Babylone
Torcy	1946	Marx Dormoy
Tourelle	1937	Saint-Mandé-Tourelle
Vallier	1946	Louise Michel
Vaugirard	1913	Saint-Placide
Wilhem	1921	Église d'Auteuil

Les stations à double appellation

Les apparentements terribles et définitifs entre deux noms réunis sur une même plaque ont fait des ravages dans les esprits. Plus d'un écolier ne peut – ou ne pouvait... – citer le nom du savant Réaumur sans ajouter que le physicien inventa le thermomètre pendant la prise de Sébastopol en 1855 – une belle invention, mais posthume, car Réaumur vécut de 1683 à 1757 !

D'autres se demandent comment le cardinal Richelieu-Drouot a pu vivre de l'époque de Louis XIII à celle de Napoléon, mais ont bien la preuve de la longévité de cet homme exceptionnel, ministre du premier et général du second, qu'il a même accompagné à Sainte-Hélène. D'autres encore s'interrogent sur le lien peu convenable qui a pu réunir le révolutionnaire monsieur Barbès à madame Rochechouart, abbesse de son état.

Ces associations sont dues uniquement, bien sûr, au hasard des rues se croisant en surface à l'aplomb des stations de métro et n'ont d'autres visées que celle de rendre service aux usagers. Mais il faut bien avouer qu'il en résulte de curieux hybrides...

Notons qu'à l'inverse des "divorces" ont eu lieu comme Léon Blum quittant Voltaire – qui reste seul – ou Daumesnil perdant Félix Éboué...

Et que l'on ne nous reproche pas d'avoir oublié les autres stations comme Bonne Nouvelle, Buttes-Chaumont, Cardinal Lemoine, Carrefour Pleyel, Chardon-Lagache, Charenton-Écoles, Étienne Marcel, Filles du Calvaire, La Tour-Maubourg, Ledru-Rollin, Mouton-Duvernet, Michel Bizot, etc. : celles-ci sont "bien mariées" pour n'avoir pas eu à l'être !

Alma-Marceau
L'Alma, rivière de la guerre de Crimée, n'a pas été le théâtre des exploits de Marceau, général de Napoléon.

Barbès-Rochechouart
Le député Armand Barbès, qui vécut au XIXe siècle, aurait-il rencontré (dans une autre vie) Marguerite de Rochechouart de Montpipeau, abbesse de son état (mais au siècle précédent)... ?

Bobigny-Pablo Picasso
Picasso aurait-t-il trouvé son inspiration à Bobigny ? Les camarades l'affirmeraient presque...

Bobigny-Pantin-Raymond Queneau
Voici l'écrivain Raymond Queneau lié à deux villes dont les salons n'ont pas dû le recevoir souvent... et sa Zazie encore moins !

Censier-Daubenton
Quelle expérience le naturaliste Daubenton, collaborateur de Buffon, a-t-il pu faire dans une rue en cul-de-sac ("sans-chief", devenu "censier") ?

Champs-Élysées-Clemenceau
Le séjour des âmes vertueuses de l'Antiquité a-t-il accueilli celle du Tigre ?

Charles de Gaulle-Étoile
Des victoires du grand Napoléon à celles du grand Charles, la grandeur en continu. Mais bien des touristes américains pensent que l'aéroport de Roissy se trouve là.

Chaussée d'Antin-La Fayette
Une petite rue parisienne de 1712 face au grand libérateur de l'Amérique.

Denfert-Rochereau
Cas douteux : pour les uns (comme G. Roland, dans son livre *Les Stations de métro*), la place d'Enfer (devenue Denfert) n'a rien à voir avec le vaillant colonel Rochereau, défenseur de Belfort. Mais le

Larousse comme le guide Michelin persistent à dire que le colonel s'appelait Denfert-Rochereau : portait-il déjà, par prémonition, le nom de la place qui accueillerait plus tard la statue du *Lion de Belfort* ?

Faidherbe-Chaligny
L'un est un général français du XIXe siècle, l'autre appartient à une famille de fondeurs du XVIIe siècle... Les voilà unis pour l'éternité.

Havre-Caumartin
(Le) Havre n'a aucun lien avec la famille Caumartin qui a fourni un bon nombre de magistrats à la France.

La Motte-Picquet-Grenelle
Dans ce ménage à trois, les deux premiers sont ensemble : La Motte-Picquet est un amiral du XVIIIe siècle, Grenelle est un village rattaché à Paris, puis l'un de ses quartiers.

Lamarck-Caulaincourt
Un naturaliste et un sénateur, ayant tous deux vécu au XVIIIe siècle, qui ont peut-être eu la chance de se rencontrer avant de faire plaque commune.

Marcadet-Poissonniers
Pour une fois, c'est logique : un marché et la rue d'arrivée des poissonniers de Boulogne.

Maubert-Mutualité
Un dominicain érudit du XIIIe siècle a-t-il prêché pour la construction d'un palais bien social en 1931 ?

Michel-Ange-Molitor
D'un côté, un illustre artiste italien du quattrocento, de l'autre, un maréchal de Napoléon.

Michel-Ange-Auteuil
Le même, cette fois en ménage avec un quartier (chic, qu'il ne se plaigne pas) de Paris, par les hasards d'une boucle de la ligne 10 qui lui vaut ici deux citations.

Montparnasse-Bienvenüe
Un quartier de Paris et le père du métro, mais ils font bon ménage, Bienvenüe étant breton.

Réaumur-Sébastopol
Pourquoi les batailles des XIXe et XXe siècles sont-elles le cadre impérissable de l'invention du thermomètre au Siècle des lumières ?

Reuilly-Diderot
Reuilly est le quartier élu pour accueillir l'illustre auteur de *L'Encyclopédie*.

Richard-Lenoir
Tout le monde croit, à tort, qu'il s'agit là d'un seul homme. Richard et Lenoir sont les fondateurs associés d'une manufacture de coton, rue de Charonne, au XVIIIe siècle. C'est la seule association de cette liste digne de ce nom...

Richelieu-Drouot
Le cardinal, ministre de Louis XIII, n'a jamais rencontré le général de Napoléon.

Sèvres-Lecourbe
Un village, capitale de la porcelaine, et un général révolutionnaire originaire du Jura...

Strasbourg-Saint-Denis
La ville alsacienne n'a rien à voir avec Denis, premier évêque de Lutèce vers l'an 250.

Saint-Sébastien-Froissart
Le premier est un saint martyr du IIIe siècle, le second un chroniqueur du XIVe siècle.

Sully-Morland
Ce ministre d'Henri IV et ce colonel de Napoléon ne se sont pas connus : l'un est mort dans son lit, l'autre à la bataille d'Austerlitz.

Trinité-d'Estienne d'Orves
Bien qu'une en trois, le premier est à part : l'église de la Trinité, ici associée au grand résistant Henri d'Estienne d'Orves.

Villejuif-Léo Lagrange
S'il n'y est pas né, Léo Lagrange, grand promoteur du sport, doit bien y avoir un stade à son nom.

LES STATIONS PIÈGES

Non, Place de Clichy n'est pas à Clichy, pas plus que Porte de Clichy, alors que Mairie de Clichy l'est bien... Ne cherchez pas non plus la salle Pleyel à Carrefour Pleyel, ni l'aéroport de Roissy à Charles de Gaulle-Étoile. La confusion entre les deux Corentin (Celton et Cariou) sévit toujours malgré leur grand éloignement, et il n'y a aucune gare ni même un simple quai SNCF à Quai de la Gare... Enfin, n'espérez plus grimper Rue Montmartre... devenue Grands Boulevards.

LES STATIONS À DISPOSITION PARTICULIÈRE

Station	Ligne	Stations à 1 quai + 1 voie	Stations à 1 quai + 2 voies	Stations à 2 quais décalés + 2 voies	Stations à 2 quais + 3 voies	Stations à 2 quais + 4 voies
Château de Vincennes	1					*
La Défense	1		*			
Porte Maillot	1					*
Nation	2		*			
Porte Dauphine	2	* (2 fois)				
Anatole France	3			*		
Gallieni	3					*
Pont de Levallois-Bécon	3				*	
Porte de Champerret	3					*
Porte d'Orléans	4				*	
Bobigny-Pablo Picasso	5				*	
Église de Pantin	5					*
Place d'Italie	5		*			
Porte de Pantin	5				*	
Gare de l'Est	5+7					* (partiellement)
Étoile	6	*				
Kléber	6					*
La Courneuve	7				*	
Nation	6		*			
Mairie d'Ivry	7				*	
Porte d'Ivry	7				*	
Porte de la Villette	7					*
Louis Blanc	7+7 bis		*			
Danube	7 bis		*			
Place des Fêtes	7 bis		*			
Pré-Saint-Gervais	7 bis		*			
Balard	8				*	
Commerce	8			*		
Créteil-L'Échat	8				*	
Créteil-Préfecture	8				*	
Lourmel	8				*	
Maisons-Alfort-les-Juilliottes	8				*	
Porte de Charenton	8					*
La Motte-Picquet-Grenelle	8+10	*	*			
Pont de Sèvres	9				*	
Porte de Montreuil	9					*
Porte de Saint-Cloud	9					* (3 quais)
Saint-Augustin	9				*	
Chardon-Lagache	10	*				
Cluny-La Sorbonne	10				* (centrales)	
Église d'Auteuil	10	*				
Michel-Ange-Auteuil	10		*			
Michel-Ange-Molitor	10		*			
Mirabeau	10	*				
Porte d'Auteuil	10				*	
Châtelet	11				*	
Porte des Lilas	11				*	
Porte de la Chapelle	12				*	
Porte de Versailles	12	*	*			
Carrefour Pleyel	13				*	
Châtillon-Montrouge	13				*	
Invalides	13				*	
Liège	13			*		
La Fourche (infér.)	13	*				
Varenne	13				*	

Les stations à disposition particulière

Le type de disposition le plus répandu sur le réseau du métro parisien est celui de la station classique à deux quais encadrant deux voies aux directions opposées. Certaines stations se présentent différemment. On trouve parfois un seul quai latéral et une seule voie à une direction, ou un seul quai en ilôt entre deux voies à une direction, parfois deux ; quelques stations classiques ont une troisième voie au centre, d'autres deux quais et une troisième voie latérale supplémentaire, d'autres encore quatre voies et deux quais, etc.

Le liste ci-contre (que nous espérons complète) recense les stations à disposition particulière que nous avons pu relever en fréquentant le métro de Paris et qui méritent une visite (un certain nombre se trouvent sur les itinéraires proposés p. 135).

Bien entendu, dans ce "hit-parade" des stations qui cultivent leur différence, les stations terminus sont très présentes dans la mesure où elles réclament des installations plus importantes que les stations de simple passage. Les techniques actuelles permettent de faire, lors des prolongements en banlieue, des stations terminus beaucoup plus simples. Les stations terminus imposantes, véritables cathédrales souterraines, sont dans la plupart des cas des stations terminus anciennes, datant de l'entre-deux-guerres, quand le métro s'arrêtait aux portes de Paris. La station Porte de Montreuil, par exemple, ancienne station terminus sur la ligne 9, possède la plus grande voûte du métro de Paris, avec 22,50 m d'ouverture. La station Porte de Saint-Cloud, avec quatre voies et trois quais, est celle qui combine le plus grand nombre de voies et de quais sous sa voûte, avant de se prolonger en direction de l'ouest en un véritable dédale de voies de garage dans le tunnel.

Carrefour Pleyel, une disposition particulière héritée de son ancien rôle de terminus.

La dure loi du portillon automatique

À quoi servait le portillon automatique ? "À emm... le monde", proclamaient jadis, unanimes, les Parisiens. Traîtreusement placé au débouché du couloir d'accès, le portillon fermait impitoyablement l'accès au quai quand une rame pénétrait dans la station, obligeant le voyageur coincé derrière cette barrière de métal à regarder partir, déconfit, son métro et à attendre longuement le suivant. Il ne s'agissait pas d'avoir un métro de retard... D'autant que la fréquence des rames n'était pas celle que l'on connaît aujourd'hui.

Le principe général du métro de Paris est qu'un train ne doit partir qu'après avoir pris tous les voyageurs présents sur le quai, mais pas ceux qui sont encore dans les couloirs : le portillon était destiné à empêcher les arrivées précipitées sur le quai et les sauts de lévrier jusque dans les rames en partance. Pourtant, la lente fermeture du portillon éveillait chez le voyageur au tempérament gymnaste

Station République, ligne 11 : l'un des derniers cerbères des quais… inoffensif depuis trente ans.

un furieux désir de se glisser entre ses battants, bras levés, ventre rentré et fesses serrées. Les plus hardis, encore jeunes et souples, plongeaient même au sol et passaient sous la terrible barrière, se redressaient et sautaient dans la rame par la dernière porte à se fermer, celle du chef de train dans la motrice de tête. Celui-ci haussait généralement les épaules pour manifester une indignation modérée et donnait quand même, en guise de pardon ou d'indifférence, le signal du départ.

Les portillons ont disparu progressivement au cours des années 1960, quand le nombre des rames en service, sérieusement augmenté, a diminué le temps d'attente et, en conséquence, la précipitation des voyageurs. La régulation automatique du mouvement des rames, expérimentée sur la ligne 7 pendant les années 1970, a mis un terme définitif à leur carrière.

La sinistre existence des portillons n'a laissé aucune trace, sauf aux stations Nation (ligne 2), Réaumur-Sébastopol et Porte d'Orléans (ligne 4) ou République (ligne 11), où il est toujours possible de contempler des survivants de cette race maudite.

À propos de l'inexistence des lieux d'aisance

Si, par hasard, la nature fait entendre son appel, le réseau métropolitain refuse rudement d'y répondre, par principe, que cela soit à bord des rames ou dans les stations. D'après les souvenirs des anciens, il y aurait pourtant eu, il y a bien longtemps, une bonne dizaine de toilettes publiques réparties dans les stations importantes. Elles ont été fermées les unes après les autres (et souvent converties en locaux techniques) pour de nombreuses raisons d'hygiène, d'entretien et face aux difficultés liées à l'évacuation des eaux. Les dirigeants du métro ont décidé de recentrer leurs activités sur le transport ferroviaire, point à la ligne. Pour le reste, on prendra, dans l'ordre, ses précautions, puis le métro.

Toutefois, à moins de ne circuler que sur la nouvelle ligne 14 qui offre quelques ressources, si vous êtes pris de court sur le "vieux" réseau, déviez votre trajet et rendez-vous à la station Palais-Royal-Musée du Louvre : le voyage en vaut la peine, même si vous êtes à Créteil-Préfecture (changez à Reuilly-Diderot) ou à Bobigny-Pablo Picasso (changez à Bastille), ou encore à La Courneuve (c'est direct). Les toilettes de cette station sont une splendeur architecturale : lambris, bois vernis, plafonds à caissons... Ce lieu d'aisance n'est nullement dû à la magnanimité de la RATP, mais à celle de la Ville de Paris qui, propriétaire du passage public, l'a aménagé avec le goût et les égards qu'on lui connaît.

Le Pili, premier ordinateur du peuple… et *Une idée lumineuse*, de Philippe Favier et Jacques Roubaud, à la station Pyramides.

Les lumières du Pili

Merveilleux Pili ! Ce magnifique tableau chromé doté d'un vaste clavier trône fièrement dans l'entrée de certaines stations. Appuyez sur le bouton correspondant au nom de la station où vous devez vous rendre : le plan du réseau s'éclairera le long de votre itinéraire.

Pili, en langue technocratique, veut dire "panneau indicateur lumineux d'itinéraires". Mais n'est-ce pas, avant tout, un merveilleux outil ? Le Pili est, pour les enfants des années d'après-guerre, quelque chose comme l'ancêtre de l'ordinateur. Répondant à toutes les sollicitations, il "réfléchit", se penche sur votre détresse de souris de laboratoire perdue dans un labyrinthe et compose l'itinéraire attendu.

Le grand jeu consiste évidemment à lui demander l'itinéraire incroyable qui exigera dix changements au moins. Imperturbable, le Pili trouve toujours une solution d'une élégante simplicité, avec de petites ampoules bleu pâle pour une ligne, puis vert pâle pour une autre… et un seul changement. On ne le piège jamais.

D'autant que les apports technologiques de ces dernières années ont donné au Pili de nouvelles armes. Rebaptisé Pli ("Plan lumineux interactif"), c'est désormais une borne informatique interactive couvrant l'ensemble des réseaux de transport public et intégrant différents critères de recherche tels que les noms de rue de Paris, les sites, les gares et les aéroports, ou encore les monuments.

Signalons, enfin, l'hommage rendu à l'espèce à la station Pyramides par le plasticien Philippe Favier et le poète Jacques Roubaud. Le Pili devient *Une idée lumineuse* : soixante-quatorze parcours poétiques qui s'inspirent des stations existantes réunis dans une grande constellation onirique.

Météor : les tunnels à grand rayon de courbure caractérisent les tracés de la ligne 14.

530

HISTOIRES DE LIGNES

Les métros auxquels on a échappé

Si le principe de la construction d'un chemin de fer métropolitain était admis par les Parisiens à la fin du XIXe siècle, la question de sa réalisation restait posée. Les techniques de construction des lignes et de traction des trains n'étaient pas encore vraiment au point et une foule d'inventeurs avancèrent des propositions qui, si elles peuvent sembler très farfelues aujourd'hui, l'étaient davantage encore à l'époque, même pour les esprits les plus ouverts à la modernité.

Ces systèmes d'un XIXe siècle finissant émettaient fumées ou vapeur, roulaient sur des fils ou sur un rail unique, flottaient sur des canaux, sautaient d'un pylône à un autre, s'efforçaient de résoudre mille problèmes réels avec ingéniosité. Aucun n'était toutefois à même de tenir les promesses de silence, de propreté, de souplesse et de puissance que seule la traction électrique pourra apporter au XXe siècle.

Les solutions préconisées par ces inventeurs auraient imposé dans Paris la lourde présence de systèmes techniques envahissants, occupant places et perspectives, barrant la façade des monuments. Mais elles auraient résolu, chacune à leur manière et avec originalité, le problème du transport quotidien de milliers de personnes dans un Paris déjà saturé. Certaines sont nées dans l'esprit de visionnaires très "sociaux" comme Girard, dont le métro aquatique prévoyait d'apporter l'eau courante aux Parisiens et de leur donner la possibilité de se baigner dans les stations entre deux rames... Une manière en somme de remédier à l'hygiène douteuse des habitants de la capitale.

Pages précédentes :

Franchissement de la verrière de la Gare d'Austerlitz, l'un des sites remarquables à découvrir sur la ligne 5.

Accès Sèvres-Babylone, détail de la céramique.

Un des nombreux projets : celui de Leroux et sa voie surélevée.

Petit catalogue des solutions techniques

Les métros souterrains avec trains classiques à vapeur

C'est la solution adoptée à Londres entre les années 1860 et 1900, soit pendant une quarantaine d'années. Un métro éprouvé, qui marche bien... mais qui enfume ! Les voyageurs sont rapidement couverts de crasse et de suie, tout comme le matériel roulant et les stations. Les Anglais adoptent même un système de locomotives à condensation qui retiennent leur fumée dans les tunnels et la recrachent en stationnant sous des puits d'aération dans les stations. Les projets Letellier ou Brame et Flachat (1856) reposent sur ce principe (fumeux à tous les sens du terme...).

Paris rêve encore de projets aériens (Heuzé), tandis que Londres est déjà dans les réalités enfumées de son métro souterrain.

Les métros aériens avec trains classiques à vapeur

C'est une solution proposée par de nombreux innovateurs qui, sans états d'âme, envisagent de construire au milieu des grandes avenues parisiennes des lignes de chemin de fer sur viaduc, avec de belles locomotives au panache de fumée conséquent, dont les poussières de charbon et les escarbilles arrosent généreusement les trottoirs et les terrasses de café. Les projets Heuzé ou Garnier se réclament de ce type, même si Garnier superpose les voies pour gagner de la place au sol.

Les métros par air comprimé, système Londres-Sydenham (1865)

Ce système fonctionnant avec un wagon-piston poussé ou aspiré dans un tunnel est essayé en Angleterre, puis pour le métropolitain de New York. La gravure ci-après montre une coupe d'un wagon du métro atmosphérique de New York dont la forme circulaire épouse parfaitement le tunnel. Il a pour avantage la propreté, le silence et la sécurité, mais demande une voie entièrement en tunnel. À Sydenham, le tunnel existe pour la partie du parcours proprement "propulsive" : la voiture, une fois sortie

Envisagé pour Paris ? Le projet de Sydenham.

du tunnel, continue sa course à l'air libre, roulant sur son erre. Le système nécessite de puissantes stations de pompage d'air. Il ne semble pas que ce dispositif ait été envisagé sérieusement pour Paris, mais il a dû être proposé.

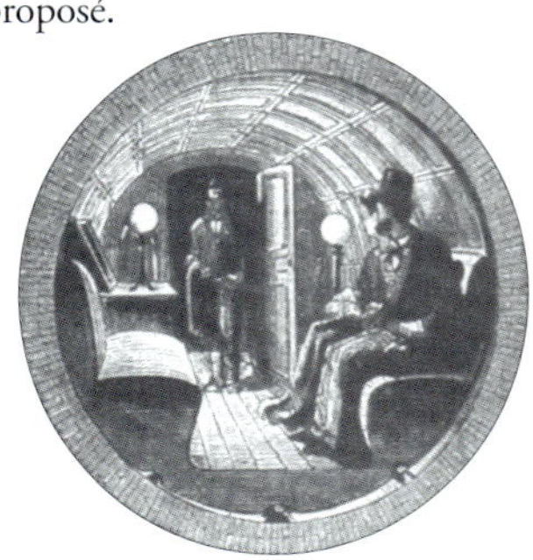

À gauche, vue en coupe de la voiture-piston d'Alfred Ely Beach, premier "métro" souterrain expérimenté à New York en 1870.

Le véhicule sans roues, système Duchamp (1872)

Son expérimentation a lieu au parc de la Tête d'Or à Lyon en 1872. Le principe consiste en un wagon glissant sur des roues disposées sur des pylônes successifs. Avantage évident du système : une infrastructure réduite à une succession de poteaux (déguisés en réverbères ?) qui n'encombre pas le paysage urbain et une circulation en plein air au-dessus du sol dégageant les chaussées et les trottoirs. Inconvénient : un roulement plutôt cahotique et une traction compliquée.

Le métro système Duchamp à Lyon en 1872.

Le métro aquatique

Ce système a, lui, bel et bien été proposé aux Parisiens par Girard : il s'agit d'un train glissant sur un "coussin d'eau", solution utilisée parfois aujourd'hui pour déplacer des masses lourdes sur une surface plane. Silencieux, très confortable, mais bien lent, ce métro, d'après son inventeur, aurait aussi apporté l'eau potable dans les foyers.

Le métro aquatique de Girard consistant à faire glisser un véhicule sur une mince lame d'eau – astucieuse utilisation anticipée du phénomène que nous appelons aujourd'hui l'aquaplaning.

Les métros par gravité et plans inclinés, système De Kérizouet (1845)

L'ingénieur prévoit de relier le centre de Paris aux gares de Lyon et du Nord avec des trains roulant librement sur des plans inclinés dans un sens et hissés dans l'autre par des machines à vapeur fixes. Le problème de la vapeur et de la fumée dans les tunnels est résolu ainsi que celui des emprises au sol. Mais la traction doit se faire par câbles, au moins dans le sens de la montée. La révolution de 1848 tombe fort mal (ou fort bien ?) et ruine le projet.

Les prédécesseurs du métro parisien

Le métro de Londres, avec ses locomotives à vapeur enfumant les voyageurs dans les tunnels comme des harengs, et celui de New York, avec ses voies vertigineuses hâtivement posées sur des viaducs branlants, ont été ouverts respectivement en 1863 et en 1867 ; ils confèrent à ces deux villes le statut envié de précurseurs au rayonnement mondial indiscutable. En comparaison, Paris, capitale du bon goût et des belles idées, fait vraiment province. Et que dire quand un "trou" aussi perdu que Glasgow, ville endormie dans la brume et ruisselante sous la pluie, est dotée d'un métro en 1896 ? Pis encore, le sombre Prussien, qui nous a ravi l'Alsace et la Lorraine, ose narguer la Ville lumière : Berlin passe devant Paris et se prépare à inaugurer son métro à la fin du XIXe siècle. Ne parlons pas des Autrichiens, leurs cousins, qui mettent les bouchées doubles à Vienne pour doter la ville impériale d'un métro digne de l'empire austro-hongrois.

Faut-il consoler notre orgueil national bien éprouvé ? À y regarder de près, ces exemples étrangers ne constituent pas véritablement des métros urbains. Ces premiers réseaux seront en effet reconstruits au siècle suivant, prenant alors une forme différente, avec du matériel à traction électrique. Le métro de Paris, en revanche, sera d'emblée un véritable métro urbain dont le système et la physionomie générale ne changeront pas.

Le métro de Londres (1863)

Londres s'est dotée de ce qui apparaît plutôt comme un vrai chemin de fer au service des grandes compagnies, avec des locomotives à vapeur et des stations à grand gabarit. La seule caractéristique qui en fasse vraiment un métro est la circulation dans des tunnels creusés sous les rues et l'ouverture de stations souterraines. Et encore ! Ce tracé en tunnel est loin d'être la règle partout. Le tunnel n'est là que quand on ne peut pas faire autrement et les voies sont principalement établies dans des tranchées à ciel ouvert, encadrées par de vertigineux murs de soutènement dont les hautes arcades sont vite noircies par la suie.

La première ligne, dite Metropolitan line – qui donnera au métro son nom de baptême –, est construite à faible profondeur, à ciel ouvert et recouvrement partiel ensuite, en suivant les rues selon l'itinéraire Paddington - High Holborn (Farringdon). Elle est réalisée sous la direction de l'ingénieur John Fowler qui peut être considéré comme le père de tous les métros du monde. Ouverte le 10 janvier 1863, la ligne est à l'écartement de 2 100 mm du Great Western Railway que le Metropolitan line prolonge sous Londres, ce qui réclame des travaux gigantesques et des tunnels à grand gabarit. Tant mieux pour l'évacuation des fumées, pourrait-on penser, mais celles-ci sont tellement envahissantes que Fowler met du temps à chercher une solution avant de trouver la locomotive à condensation, qui retient sa fumée suffisamment longtemps et recycle sa vapeur. Ces locomotives qui se tiennent bien produisent cependant trop peu de vapeur pour offrir assez de puissance. Fowler démontre malgré lui la nécessité de trouver un autre mode de traction bien que les médecins londoniens modernistes préconisent les vapeurs de soufre du Metropolitan line en guise de remède. L'électricité est alors tout juste une curiosité de laboratoire.

Peu à peu, les différentes grandes compagnies de chemin de fer anglaises construisent, à leur tour, leur ligne de pénétration dans Londres, notamment le Great Northern Railway, le Metropolitan District Railway (ligne circulaire intérieure). La situation devient vite conflictuelle et complexe, dans la grande tradition du libéralisme britannique, avec un réseau londonien inextricable. Mais le succès est indéniable : dès 1867, on dénombre plus de 23 millions de voyageurs par an et 350 trains par jour. Ce premier métro fait la preuve qu'aucune grande ville au monde ne pourra plus désormais se passer de "Metropolitan". La traction électrique permettra la construction, au siècle suivant, d'un vrai métro à petit gabarit et entièrement souterrain, le fameux Tube de Londres, techniquement bien éloigné du Metropolitan.

Le métro de New York (1868)

Établi modestement en 1868 sous la forme d'une ligne parcourue par des trains actionnés par des câbles dans la rue de Greenwich, et sous la forme d'une courte ligne pneumatique en 1871, le métro de New York périclite faute de rendement et de commodité. En 1874, l'affaire est reprise et plusieurs lignes classiques à vapeur sont construites sur les 2e, 3e, 6e et 9e avenues, desservant Manhattan jusqu'à Harlem. Ces lignes sont montées sur de vertigineux ponts métalliques en treillis et les trains circulent au niveau des étages des maisons, prodiguant un bruit assourdissant, car les voies sont posées directement sur les poutrelles sans ballast.

Les motrices sont de petites locomotives-tender[1] à deux essieux qui ne pèsent qu'une quinzaine de tonnes. Elles remorquent des voitures à bogies assez spacieuses et confortables. Mais ce confort ne fait pas oublier les inconvénients de la traction à vapeur dont les fumées envahissent les rues et dont les cendres doivent être évacuées par un système de trémies fixes communiquant avec les égouts. Dès la fin du siècle, la traction électrique est essayée avec succès et permet alors de construire des lignes souterraines : peu à peu, le métro aérien, ou Elevated, disparaît.

Le vertigineux métro de New York, ou Elevated, desservant la ville à 10 m de hauteur.

1. Une locomotive-tender est une locomotive de petites dimensions, sans tender séparé, portant donc sur elle ses réserves de charbon et d'eau habituellement mises dans le tender.

LE MÉTRO DE BERLIN : 1882 OU 1902 ?

On cite souvent le métro de Berlin parmi les prédécesseurs de celui de Paris en se référant à une seule ligne de 11 km, ouverte en 1882, reliant Charlottenburg à la gare de Silésie. Construite entièrement sur une maçonnerie surélevée, la ligne comporte quatre voies, dont deux pour le trafic urbain ou de banlieue et deux pour les grandes lignes. Il ne s'agit pas d'un métro, mais seulement d'une ligne classique de pénétration et de jonction pour le compte des grands réseaux. C'est en 1902 que Berlin se dotera d'un véritable réseau urbain à petit gabarit et captage par 3e rail, le fameux U-Bahn.

LE MÉTRO DE VIENNE : 1898 OU 1976 ?

Même si Budapest crée son réseau en 1896, il ne s'agit que d'un tramway souterrain, et c'est le métro de Vienne qui fait suite, en 1898, au métro allemand. Mais, comme pour Berlin, il ne s'agit pas d'un véritable réseau urbain. Pour la seule année 1873, plus de vingt-cinq projets de métro sont déposés en vain à Vienne. Mais, le 22 avril 1891, l'Empereur "témoigne de la sollicitude éclairée du gouvernement" (suivant les termes des journaux de l'époque) pour signer le décret nécessaire, et les travaux démarrent enfin. Le réseau comprend une ligne circulaire reliant les gares des grandes lignes, dites de l'Empereur François-Joseph, des rives du Danube et de la Westbahn, et une ligne de prolongement jusqu'à Nussdorf sur la première ligne citée, plus deux lignes de banlieue.
Sur les 15 km parcourus par cette ligne, 9 sont sur viaduc, 3 en tranchée, et le reste en tunnel. Les 19 stations sont desservies par des trains à vapeur qui circulent à 30 km/h, se succédant à des intervalles de 5 à 10 minutes.
Le réseau est donc partiellement à vocation urbaine, car les trains des grandes lignes ou même des trains de marchandises de jonction peuvent l'emprunter.
Les gares, très ouvragées, les viaducs et les ponts témoignent d'un travail de grande qualité.
Mais ce n'est qu'en 1976 que Vienne créera son véritable métro urbain doté d'un matériel moderne, le Stadtbahn.

Les atermoiements de la Ville lumière

Un métro national ou municipal ?

La mise en place de l'Exposition universelle de 1889 met en évidence le retard de Paris en matière de transports urbains par rapport aux autres grandes capitales mondiales et encourage les dépôts de projets. Mais le Conseil d'État se range du côté des grandes compagnies de chemin de fer et réclame un réseau parisien à caractère général assurant une jonction entre les grandes lignes, et non un réseau urbain : cette position bloque toute action pour une décennie encore. Une douzaine de projets sérieux, ayant recours aux techniques classiques du chemin de fer, marquent cette époque :

- Projet Flachat (1855)
- Projet Telle (1855)
- Projet Vauthier (1865)
- Projet Olivier (1872)
- Projet Vauthier et Deligny (1880)
- Premier projet Haag (1883)
- Projet Baïhaut (1885)
- Projet Berlier (1888)
- Projet Eiffel (1890)
- Projet Sautereau (1893)
- Projet Barthou (1895)
- Dernier projet Haag (1895)

Dès 1855, l'ingénieur Flachat, qui a participé très activement au développement du rail en France, propose un chemin de fer métropolitain destiné à relier le centre de Paris à sa périphérie. La même année, Telle imagine un véritable système de chemin de fer aérien parcourant les grandes artères parisiennes au niveau du premier étage, à la façon de l'Elevated new-yorkais : ce dispositif, enlaidissant la capitale, ne compte pas beaucoup de partisans. Le projet Flachat de 1855 est, quant à lui, repris par Vauthier et Deligny en 1880, qui le perfectionnent sous forme d'une ligne transversale nord-sud raccordée au chemin de fer de la Petite Ceinture et desservant le centre de Paris par un tracé souterrain passant par Denfert-Rochereau et la place de la République. Ce système est, en quelque sorte, un simple prolongement du réseau de chemin de fer national dans Paris.

En 1872, Arsène Olivier propose un train perché sur de vertigineux viaducs enjambant les immeubles à trente m du sol : le projet est sérieux, mais la hauteur exagérée des viaducs, bouchant le ciel au-dessus des toits, donne la chair de poule... En 1884, le ministre des Travaux publics, Reynal, réactive le projet Vauthier et Deligny de 1880 et Baïhaut, son successeur, le soumet à nouveau en 1885. En vain. Les conseillers municipaux de Paris ne veulent pas livrer la desserte de la ville au bon vouloir des grandes compagnies de chemin de fer nationales.

Coupe longitudinale de tramway, projet Berlier (1888).

À partir de 1886, les projets se succèdent à un rythme dont l'accélération traduit l'obsession municipale de passer enfin aux actes : l'Exposition de 1889 s'annonce. On adjoint aux premiers projets des lignes nouvelles présentant un caractère municipal plus avoué, toutes en souterrain, comme celles suivant la rue Réaumur ou reliant l'avenue de Villiers à la place de la République, ou encore des lignes de prolongements des projets précédents en direction de Ménilmontant ou du Luxembourg. Un projet proposé par Berlier prévoit, en 1888, une ligne est-ouest en tunnel reliant les bois de Boulogne et de Vincennes, et se dédoublant au centre

Système de chemin de fer aérien, projet Telle (1855).

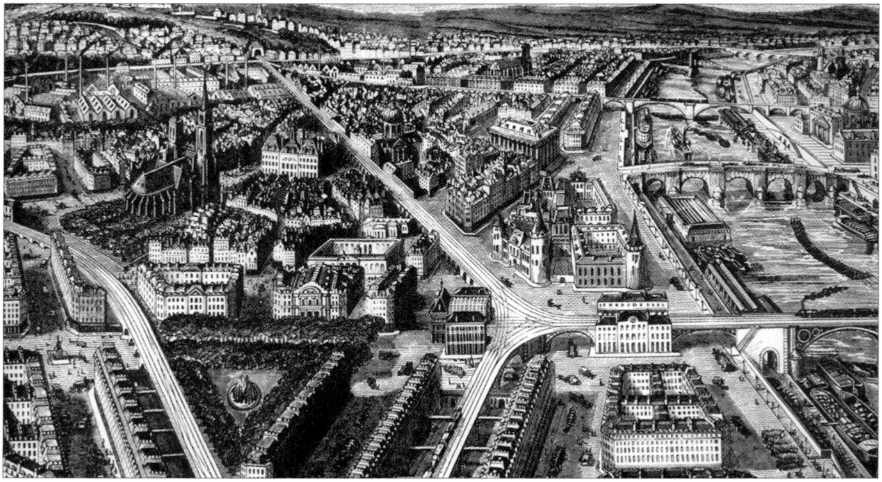

de Paris en deux itinéraires, l'un par la rue de Rivoli et l'autre par les Grands Boulevards. Même Gustave Eiffel présente un plan en 1890, consistant essentiellement en une ligne circulaire souterraine réunissant entre elles les grandes gares de Paris et appuyé par la compagnie des chemins de fer du Nord ; le projet Eiffel penche nettement du côté d'un métro à caractère national.

De Haag à Bienvenüe : dernière ligne droite *per inferna*...

La France devrait être reconnaissante à un dénommé Paul Haag d'avoir présenté au conseil municipal de Paris un projet de métropolitain, continuellement remanié entre 1883 et 1895. Haag a compris clairement l'une des données du problème que l'on perdra de vue par la suite : il ne faut pas faire à Paris un seul métropolitain, mais bien deux. Ce bienfaiteur propose, d'une part, un chemin de fer d'intérêt général permettant le passage des trains des grandes lignes des chemins de fer nationaux par le centre de la capitale, d'autre part, un chemin de fer d'intérêt local ou municipal se ramifiant à partir du précédent et desservant les différents quartiers.

Haag préconise un réseau articulé à partir d'une ligne à quatre voies à l'écartement et au gabarit[1] des grandes lignes de chemin de fer françaises. Cette ligne aurait traversé Paris du nord-ouest au sud-est d'une seule traite, sur un immense viaduc en maçonnerie établi dans une avenue très large, en se ramifiant simplement à une extrémité pour se rattacher aux gares de Saint-Lazare, du Nord et de l'Est, et, à l'autre extrémité, à celles de Lyon et d'Austerlitz. Le projet prévoyait que les trains des grandes lignes acquittent un péage et que des magasins placés sous les arches du viaduc contribuent à rentabiliser la construction de la ligne... Il s'agit ni plus ni moins de la solution adoptée

Le métro de Haag ? Un réseau parisien, mais de dimension nationale.

1. L'écartement est la distance séparant les faces intérieures des rails. En Europe, l'écartement normal est de 1 435 mm. Le gabarit est la largeur et la hauteur des véhicules pouvant circuler sur un réseau ou une ligne de chemin de fer ; il est défini par la distance à laquelle les obstacles sont établis (quais, voûte des tunnels, etc.). Le métro de Paris est bien construit avec l'écartement normal de 1 435 mm, mais son gabarit est plus réduit : les quais sont plus proches des rails, les tunnels plus petits que ceux de la SNCF. Les trains sont, par conséquent, moins larges et moins hauts, soit seulement 2,46 m en largeur et 3,40 m en hauteur, contre 3,10 m et 4,20 m à la SNCF.

par Berlin et, beaucoup plus tardivement, par Bruxelles.

Le réseau proprement municipal se complétait d'une ligne circulaire suivant les boulevards des Maréchaux et établie en voie métrique[1]. Haag a fort bien compris que le métro ne pouvait être seulement municipal ; il devait garder une dimension nationale pour faciliter les échanges entre les grandes lignes de chemin de fer. Mais le défaut du projet Haag est de refuser les lignes en souterrain et sa grande ligne à quatre voies en viaduc fait peur. Les objections à ce métro aérien font malheureusement oublier l'intérêt de sa dimension nationale... qui manque d'ailleurs toujours au métro parisien. Pour le Conseil municipal, le métro sera exclusivement parisien, comme il fut fermement statué lors de la séance du 26 novembre 1895.

Au moins Haag aura-t-il eu le mérite de faire avancer les idées. C'est l'ingénieur Fulgence Bienvenüe qui mènera à bien la construction du métro, selon un avant-projet à traction électrique établi en 1896, accepté en 1897 et déclaré d'utilité publique en 1898. Breton fort cultivé, aimant le grec et le latin, personnage haut en couleur apprécié de la vie parisienne, Bienvenüe glorifia lui-même son chef-d'œuvre par cette fière sentence : *Jovis erepto fulmine, per inferna vehitur, Promethei genus*[2].

Le triomphe tardif de l'électricité

Réduite à une curiosité de laboratoire scientifique durant le XVIIIe siècle et jusqu'au milieu du XIXe siècle, l'électricité tarde à jouer un rôle industriel. Son essor n'est possible qu'avec les lois de Maxwell et la mise au point de la dynamo de Gramme qui permettent, entre 1870 et 1890, la naissance d'un système technique cohérent grâce aux machines électromagnétiques : l'électricité est enfin produite et utilisée d'une manière fiable. L'illumination de la Colonne de la Bastille ou de l'avenue de l'Opéra sont des opérations spectaculaires mais très ponctuelles. L'exposition parisienne de 1881 consacrée à la fée des temps modernes attire d'une manière plus efficace l'attention sur les possibilités industrielles nouvelles offertes, surtout avec la lampe d'Edison. Quelques incendies dus au gaz, comme celui de l'Opéra-Comique en 1887, achèvent de plaider en faveur de la nouvelle énergie.

La cause de l'électricité est gagnée pendant les années 1890. Vers 1900, une nouvelle "économie électrique[3]" est née : les centrales et les réseaux de distribution sont en place et les entreprises utilisatrices se multiplient. En retard sur d'autres capitales européennes qui ont procédé à leur propre électrification, Paris charge, en 1889, six sociétés privées de créer et d'exploiter, pendant dix-huit ans, les réseaux de distribution d'électricité. Devant les craintes exprimées par les habitants, les centrales seront toutefois construites en banlieue et le courant haute tension sera amené à Paris où il sera abaissé dans des sous-stations. Le métro de Paris peut enfin compter sur l'électricité pour son système de traction : son existence est techniquement plausible, et la CMP construira même sa propre centrale.

L'ancien siège de la CMP, quai de la Rapée. En 1995, ce bâtiment a été remplacé par un nouvel ensemble en verre et acier.

1. Écartement d'un mètre, c'est-à-dire bien inférieur à celui de la voie normale. Cet écartement fut largement utilisé en France pour les petites lignes départementales, ces fameux "tortillards" lents et économiques qui, en général, étaient établis le long des routes.
2. "Par la foudre ravie à Jupiter (il s'agit de l'électricité !), la race de Prométhée (c'est-à-dire nous autres, les êtres humains...) est transportée dans les profondeurs."
3. Selon l'expression de François Caron dans son ouvrage *Le résistible déclin des sociétés industrielles* (Perrin, 1985).

Naissance de la Compagnie du chemin de fer métropolitain de Paris

Paris assume

Le gouvernement se désintéresse de la question et laisse à la Ville de Paris le soin de concevoir et développer son métro : l'Exposition universelle de 1900 s'annonce et, cette fois, il ne faut pas manquer l'opération et donner au monde entier une image négative de la France. Paris aura donc son métro, promis, juré : la décision en est formellement prise le 22 novembre 1895.

Cela ne signifie pas, contrairement à ce qui est trop souvent dit, qu'aucune grande ligne ne traversera jamais Paris : simplement, si les grandes compagnies de chemin de fer veulent s'unir, elles le feront à leur initiative et à leurs frais. Paris, pour sa part, construira seul son propre "chemin de fer d'intérêt municipal" auquel on réserve le terme de métropolitain. Le 27 janvier 1898, Paris est libre de passer, avec une compagnie de son choix, la convention permettant la construction de son métro à ses risques et périls, sans garantie aucune. L'affaire dure depuis un demi-siècle et trouve son dénouement grâce à la perspective d'un événement fêtant la fin d'un siècle et préfigurant le suivant, encore plus moderne. La municipalité, toutefois, ne s'implique que modérément dans l'affaire : croit-elle vraiment à l'avenir d'un métro dans la capitale ?

Feu vert

L'avant-projet est mis au point par Edmond Huet, directeur des Travaux de la Ville de Paris, et Fulgence Bienvenüe, ingénieur en chef chargé des approvisionnements de Paris en eau. La Ville construira le réseau et déléguera l'exploitation à un concessionnaire. Trois lignes sont prévues : une circulaire intérieure, une transversale est-ouest Porte Maillot - Ménilmontant, une transversale nord-sud Porte de Clignancourt - Porte d'Orléans. Le conseil municipal approuve le projet en avril 1896 qui, entretemps, a gagné trois autres lignes : Gare de l'Est - Pont d'Austerlitz, Nation - Italie, Bois de Boulogne - Bois de Vincennes.

En 1897, la municipalité de Paris choisit l'exploitant : la Compagnie générale de traction du groupe Empain, qui est subrogée par la Compagnie du chemin de fer métropolitain de Paris (CMP). Il faut encore mettre au point des caractéristiques techniques décisives : le gabarit en largeur du matériel roulant est porté de 1900 à 2100 mm, puis à 2400 mm : cette largeur est inférieure à celle du matériel des grandes compagnies et interdit donc formellement toute intrusion des intérêts (et des trains) nationaux dans Paris. L'écartement est porté de 1 000 à 1 435 mm, soit celui de la voie normale des grandes lignes de chemin de fer européennes, ce qui facilite la conception et la construction du matériel roulant. Ce premier réseau, long de 65 km, est ratifié par la loi du 30 mars 1898.

Les lignes prévues par la loi de 1898

Il s'agit des lignes A à F, alors désignées par des lettres[1]. (Voir tableau ci-dessous.) Toutes ces lignes, sauf la G pour cause de prolongement de la ligne du Paris - Orléans d'Austerlitz à Orsay, seront bien réalisées, même si, en fin de compte, certaines s'intégreront dans le réseau sous une forme différente. Elles coûteront au total plus de 300 millions de francs, soit environ 534 millions d'euros. Est-ce cher ? Non, car les techniques utilisées reposent beaucoup sur le recours massif à la main-d'œuvre, les chantiers étant peu mécanisés. À titre comparatif, la RATP dépense aujourd'hui annuellement 700 millions d'euros uniquement pour les commandes de son matériel roulant, l'amélioration et l'extension de son réseau.

Peu mécanisés, les premiers chantiers mobilisèrent une main-d'œuvre importante. Ici, pose de la voie à la seule force des bras et, comme on peut le noter, à mains nues.

Le grand chambardement

Fulgence Bienvenüe prend le commandement

On dispose de deux années avant l'Exposition universelle de 1900 : il faut mettre les pelletées doubles si l'on veut que Paris puisse offrir son métro à la conscience planétaire admirative. Fulgence Bienvenüe est nommé chef du Service technique du Métropolitain et dirigera les chantiers. Il prend en particulier une décision qui, aujourd'hui encore, conditionne les déplacements des Parisiens et remplit les couloirs de correspondance. Toutes les lignes seront indépendantes et tous les trains resteront sur la même ligne, desservant toutes les stations.

1. L'appellation des lignes se fera ensuite au moyen de chiffres. La création, en 1910, de la compagnie du Nord-Sud entraînera, pour bien marquer la différence avec celle du Métropolitain de Paris, la réapparition des lettres pour ses deux lignes (A et B), et ce jusqu'à la fusion décidée en 1929.

Lignes	Points extrêmes	Remarques
A	Porte de Vincennes - Porte Dauphine	Transversale est-ouest
B	Place de l'Étoile - Place de l'Étoile	Circulaire par Pigalle, Belleville, Ménilmontant, Nation, Montparnasse, Passy
C	Porte-Maillot - Ménilmontant	Tronc commun avec la ligne B entre Étoile et Villiers
D	Porte de Clignancourt - Porte d'Orléans	Transversale nord-sud
E	Boulevard de Strasbourg - Pont d'Austerlitz	Ligne de raccordement
F	Cours de Vincennes - Place d'Italie	Ligne de raccordement
Trois lignes supplémentaires sont prévues dans une deuxième tranche de travaux figurant en annexe :		
G	Place Valhubert - Quai de Conti	Radiale sud-est
H	Place du Danube - Palais Royal	Radiale nord-est
I	Auteuil - Opéra	Radiale sud-ouest

FULGENCE BIENVENÜE : LE "PÈRE MÉTRO"

Né le 27 janvier 1852, à Uzel en Bretagne, dans le département des Côtes d'Armor, Fulgence Bienvenüe, quatorzième enfant d'un notaire cultivé, reçoit une éducation très classique sur fond d'humanités grecques et latines. Son prénom antique, qui évoque la foudre, déterminera-t-il le commerce que le jeune Fulgence entretiendra, plus tard, avec l'électricité ?
Très brillant, bachelier à quinze ans, il prépare l'École polytechnique où il est admis en 1870. Devenu ingénieur des Ponts et Chaussées, il construit des lignes de chemin de fer dans l'Ouest. Il sera victime, en 1881, d'un grave accident du travail qui lui vaut la perte de son bras gauche. En 1886, il est affecté au service municipal de la voirie de Paris et contribue à la réalisation de parcs et jardins, puis se spécialise dans les adductions d'eau. Il clôt avec compétence les grands programmes d'Haussmann par un embellissement de Paris.
Il aborde, pour la première fois, le problème des transports urbains en réalisant le funiculaire de Belleville.
Le tournant de sa vie est la construction du métro de Paris pour lequel il dresse le projet de 1897. Dès 1898, il dirige une équipe de deux mille personnes qui, pour la construction de la ligne 1, bouleversent complètement les grandes rues de Paris et créent un genre nouveau : le grand chantier urbain du XXe siècle.
C'est l'homme des décisions longuement mûries : il se marie en 1909, à l'âge de cinquante-sept ans, avec une veuve, mère de trois enfants, qu'il connaît depuis très longtemps. En 1917, à l'âge de soixante-cinq ans, il est nommé directeur du port de Paris, ce qui ne le conduit nullement à abandonner la direction des travaux du métro : il entreprend la construction des lignes 8 et 9 superposées sous les Grands Boulevards, prolonge la ligne 7 jusqu'à la Porte d'Ivry, la 9 jusqu'à Montreuil et, en 1929, à l'âge de soixante-dix-sept ans, il entreprend le grand programme de prolongement des lignes de métro en banlieue.
Le 6 décembre 1932, à quatre-vingts ans, il fait valoir ses droits à la retraite. Tous ses collaborateurs regrettent son départ : Bienvenüe est un homme bon, attachant, cultivé, plein d'humour, sachant reconnaître les talents de ceux qui l'entourent et les promouvoir. En 1936, à l'âge de quatre-vingt-quatre ans, il décède à son domicile parisien. Sa tombe se trouve au cimetière du Père-Lachaise.
En janvier 1937, la ligne 4 inaugure son prolongement vers le nord avec un nouveau terminus, dont l'appellation est Bienvenüe (et non Montparnasse-Bienvenüe). Cette station est située au cœur du quartier Montparnasse, sous la place portant désormais le nom du grand ingénieur et située à l'angle des boulevards de Vaugirard et du Maine.
Le remaniement ultérieur des lignes desservant Montparnasse vaudra l'appellation Montparnasse-Bienvenüe à l'ensemble des stations en correspondance les unes avec les autres à Montparnasse.

Fulgence Bienvenüe à la sortie de la station Monceau.

Il n'y aura pas de trains parcourant des portions de ligne communes à plusieurs destinations et l'on n'aura jamais besoin de lire la destination du train quand il entre dans la station[1]. Cette option prise par le métro parisien signe sa particularité, car on trouve, à l'étranger, des réseaux qui ont des trains à destinations différentes passant sur un même quai ou des trains express sautant certains groupes de stations sur une ligne donnée.

Selon ce principe, la ligne A (ou 1) aboutira à la Porte Maillot et l'embranchement Porte Dauphine prévu sera intégré à la ligne B (ou 2). Cette dernière ne sera plus circulaire, mais dédoublée en une ligne Porte-Dauphine - Nation, par le nord de Paris, et une autre ligne passant par le sud. La ligne C (ou 3) perd son tronc commun avec la B et part de Villiers en direction de Ménilmontant.

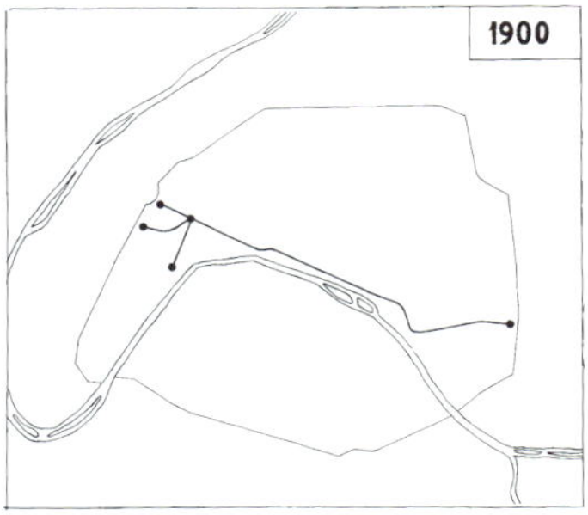

Le réseau en 1900.

Les travaux de construction bloquent les grandes artères parisiennes, comme la rue de Rivoli dont la chaussée est remplacée par un trou béant. Les tramways circulent, devant la gare Saint-Lazare, sur des voies provisoires posées sur des poutrelles enjambant le vide.

1. Notons que ce principe a cessé d'exister dès qu'il y eut des lignes en "Y" ; encore aujourd'hui, "le coup de La Fourche", comme celui de Maison Blanche, font perdre beaucoup de temps aux étourdis…

Travaux à cœur ouvert, rue de Rivoli : Paris entame le grand chantier urbain du XXe siècle ; ici, la station Palais-Royal, en cours de construction.

Travaux à Porte Maillot, station terminus en boucle jusqu'en 1934.

D'excellents principes

L'Exposition universelle de 1900 s'ouvre le 14 avril, la ligne 1 est mise en service le 19 juillet, soit avec un retard de trois mois. À la fin de l'année 1900, le bilan est de 17 millions de voyageurs. Et dès 1901, pour commencer le nouveau siècle, la Ville de Paris met en chantier, selon un plan prévu par Bienvenüe, plusieurs nouvelles lignes afin qu'aucun point de Paris ne soit à plus de 400 m d'une station et qu'aucun trajet n'implique plus de deux changements[2].

Bienvenüe décide de prolonger la ligne 3 à ses deux extrémités, en direction de la porte des Lilas et de la porte de Champerret, de réaliser une branche de la ligne 7 vers la porte de la Villette et de créer une ligne 9 entre la porte de Saint-Cloud et l'Opéra. Entre 1900 et 1914 s'ouvrent de nombreux chantiers spectaculaires dans Paris, notamment pour la traversée de la Seine. Les inondations de 1910 submergent l'ensemble des chantiers et bloquent le trafic sur les lignes alors ouvertes.

Bastille, ligne 1, en 1900 : les premières rames à caisse en bois font leurs débuts.

2. Compte tenu de l'évolution du réseau, certains trajets, officiellement catalogués à deux changements, ont aujourd'hui une autre réalité : c'est le cas de la ligne 7 bis, devenue "branche morte" de la ligne 7.

LE MÉTRO DE PARIS DATERAIT-IL DE PLUSIEURS SIÈCLES ?

Oui ! Du moins sur la ligne 7, entre les stations Pont-Neuf et Châtelet (se poster à l'extrémité du quai, côté passerelle, de la station Châtelet). En effet, quand il a fallu prolonger la ligne 7 à partir de la station Opéra en direction du sud-est, la seule solution, pour desservir le centre de Paris au passage, fut de longer la rive droite de la Seine et de passer là où il restait encore de la place, entre le fleuve et la ligne 1. Aussi, entre le Pont-Neuf et le pont Marie, la ligne passe-t-elle juste sous les quais, empruntant un itinéraire occasionnant de grandes difficultés du fait de la proximité immédiate de la Seine et d'une nappe d'eau souterraine. Les travaux de creusement se heurtèrent à des vestiges nombreux du Paris ancien : murailles de protection, fondations de l'ancienne prison du Châtelet, présence de murs et de voûtes du canal des Cagnards. C'est ainsi que des voûtes de tunnels coiffant cet ancien canal, datant du XVIIe siècle, furent purement et simplement réutilisées (pour ne pas dire "recyclées") en voûtes de tunnel du métro ! On peut se demander ce que feront nos descendants, vers l'an 2500, de l'Arc de triomphe ou de la tour Eiffel...

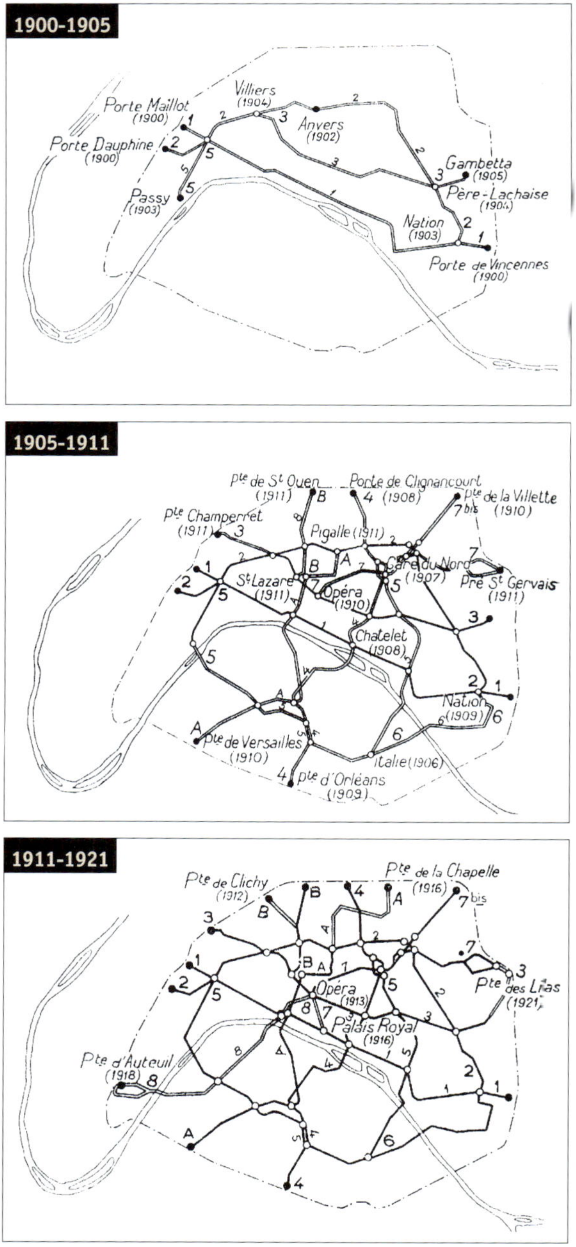

Trois phases de l'évolution du réseau du métropolitain.

Le réseau municipal : trente années d'expansion (1900-1930)

Un métro très parisien

Les trente premières années d'existence du métro parisien s'écoulent exclusivement intra-muros : municipal, le métro l'est, ô combien. Pour les intellectuels parisiens, le grand désert culturel commence au-delà des stations "Porte de...", annonçant, à la limite des dernières lumières de la civilisation, une zone sombre, la banlieue, prolongée par une immensité obscure : la province[1]. Les faits marquants sont, comme le montrent les cartes reproduites ci-contre, l'établissement de la première ligne Vincennes-Neuilly qui est une dorsale est-ouest, puis d'une circulaire formée par une succession des actuelles lignes 2 (Nation-Dauphine), 5 et 6 (Étoile-Nation par Denfert) et d'un maillage les réunissant jusqu'à constituer, au début des années 1920, un premier réseau cohérent.

Billet Nord-Sud (1911).

La décoration intérieure des anciennes rames Sprague, toujours dans les souvenirs des Parisiens...

Un voyage en métro, chansonnette créée par Polin à L'Alcazar d'Été.

L'autre métro : le fameux Nord-Sud

Le Nord-Sud attire notre intérêt, car il fait intégralement partie de cette époque. C'est une autre compagnie, un autre métro, un autre matériel roulant que celui de la CMP, qui se veut meilleur, plus performant, techniquement supérieur. Créé en 1905, le Nord-Sud[2] gère deux lignes : la ligne Issy - La Chapelle (alors appelée A pour se démarquer du système de numérotation de la CMP), ouverte en 1910, et la ligne Saint-Lazare - La Fourche - Porte de Clichy/Porte de Saint-Ouen (ligne B), ouverte en 1911. Les rames sont de couleurs différentes et très vives, rouge et jaune en première classe, bleu et gris en seconde classe. Bref, dans les couloirs de jonction de Saint-Lazare, on passe du "métro" au Nord-Sud avec le sentiment (illusoire ?) de passer d'un réseau étatique et anonyme à un réseau privé plein d'égards et entreprenant.

1. Notons qu'aujourd'hui le 3e pointillé du périph' intérieur joue à peu près le même rôle, plus celui de passage privilégié pour les motards voyageant dans le sens des aiguilles d'une montre...
2. On peut encore admirer les initiales entrelacées N et S sur les carrelages vert sombre bordant les noms ou les affiches des stations de la ligne 13, au nord de Saint-Lazare, ou de la ligne 12.

Ambiance Nord-Sud à bord des motrices Thomson.

Les stations sont très soigneusement décorées : les noms en mosaïque entourés de frises en céramique donnent un coup de vieux aux noms en tôle émaillée du CMP. La fameuse rotonde de la station Gare Saint-Lazare est un exemple de réussite architecturale du style Nord-Sud.

Le Nord-Sud, c'est l'affaire de l'ingénieur Jean-Baptiste Berlier. En 1897, il signe un projet de tramway souterrain, mais qui sera sans suite. Il revient à la charge en 1899 avec un projet de ligne de métro Montparnasse - Montmartre par les gares d'Orsay et de Saint-Lazare, creusée en profondeur. Berlier, associé à un grand financier, Xavier Janicot, assume les travaux, l'achat du matériel, l'exploitation de la ligne. Bienvenüe est sceptique, mais Berlier l'emporte finalement en 1901 en promettant d'allonger la ligne en direction du sud jusqu'à la porte de Versailles et en direction du nord avec des embranchements jusqu'aux portes de Clichy et de Saint-Ouen. Les lois de déclaration d'utilité publique tardent à être promulguées (la CMP a les moyens de faire du "lobbying" contre ce concurrent), mais finissent par l'être en 1905 et 1907 ; la question de la validité des billets pour les voyageurs passant d'un réseau à l'autre est résolue.

Cette situation de dualité trouve son terme avec l'intégration du Nord-Sud à la CMP le 1er janvier 1930 : victime de son coût de construction exorbitant, qui totalisait déjà 141 millions de francs en 1914, le Nord-Sud n'a jamais réussi par la suite à équilibrer son budget.

Le réseau Nord-Sud à sa plus grande extension.

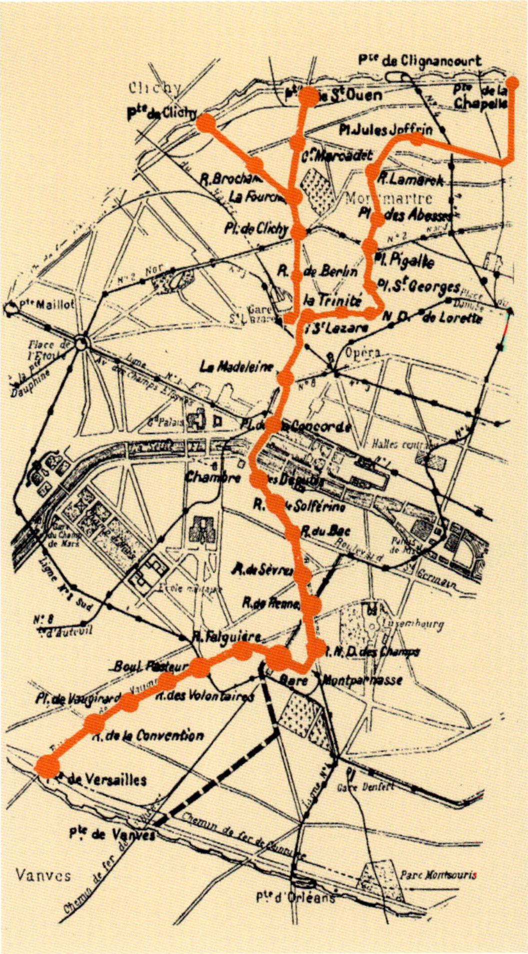

POURQUOI UN TROISIÈME RAIL ?

À sa construction, le métro est établi sur une voie à trois files de rails : deux rails ordinaires pour le roulement des rames et un troisième rail posé à côté des deux premiers, de forme aplatie et servant à conduire le courant électrique utilisé par les moteurs.
S'il est électrique, le métro doit avoir un système d'amenée du courant.
Les deux seules solutions possibles, à l'époque comme aujourd'hui, sont le fil aérien (utilisé par la SNCF sous la forme d'une caténaire) ou le rail au sol, posé dans l'axe de la voie (cas assez rare, mais que les trains électriques des enfants de jadis utilisaient pleinement), ou posé sur le côté de la voie (cas fréquent dans les métros du monde entier).
Le choix du troisième rail latéral s'explique par le faible encombrement du système, une caractéristique appréciable dans les villes où la place est mesurée et où le gabarit offert par les tunnels est restreint. Un système par fil aérien ou une caténaire nécessite beaucoup de place en hauteur – mais le Nord-Sud s'est offert ce luxe en son temps. Le troisième rail s'explique aussi par la simplicité et la robustesse du système : le rail ne craint ni le vent ni les intempéries (sauf la glace, mais le métro y est peu exposé) et le frotteur équipant les motrices est d'une solidité à toute épreuve. Ce système reste toutefois peu adapté aux grandes vitesses et aux fortes tensions électriques, ce qui explique qu'il ne soit pas utilisé par les réseaux grandes lignes. Au Royaume-Uni, il est encore très présent sur le réseau de banlieue sud de Londres, comme il l'a été, jadis, sur la banlieue ouest de Paris.
Le courant utilisé par le métro de Paris est de 750 V, courant continu.

Le système Nord-Sud avec son fil aérien.

Le troisième rail, reconnaissable à sa surface plate, alimente les rames dès l'origine du métro.

Le réseau départemental : le franchissement des portes (1940-1950)

À la fin de 1929, une importante décision est prise par le conseil général du département de la Seine[1] : celle du prolongement, en quinze directions différentes, du réseau du métropolitain en direction de la proche banlieue. Cette évolution suit celle de l'habitat parisien avec le déplacement des employés et des ouvriers en dehors de Paris, à la recherche de meilleures conditions de logement que celles offertes par les quartiers populaires intra-muros. C'est l'époque du pavillon de banlieue dont on est enfin propriétaire, de la ville à la campagne… mais aussi de la dégradation des anciens quartiers populaires du nord et de l'est de Paris que les rénovations immobilières des années 1950-1960 ne sauveront que partiellement ou pas du tout. Le métro va donc chercher ses clients là où ils habitent désormais, pour les transporter quotidiennement sur leur lieu de travail qui, lui, reste parisien.

1. Le département de la Seine englobe Paris et sa proche banlieue jusqu'à la création des fameux nouveaux départements 91, 92, 93, qui se partagent alors la partie extra-muros de cet ancien département. Notons que l'ancienne Seine-et-Oise, qui englobait l'ancien département de la Seine, forme les départements 78, 94 et 95 ; l'ancienne Seine-et-Marne conserve son nom et son territoire propre en prenant le numéro 77.

Le réseau départemental ouvrira ainsi des horizons nouveaux aux rames Sprague qui feront entendre leurs grondements mécaniques et le claquement de leurs relais électriques jusqu'à Pantin, Les Lilas, Charenton, Levallois, Neuilly (pour les bonnes non logées sur place ?), le pont de Sèvres et autres lieux enchanteurs. Comme le montre la carte des prévisions du "réseau départemental" (1951), le carrefour de la Vache Noire est prévu comme tête de ligne de la ligne 4 Clignancourt - Orléans au-delà de la porte d'Orléans... mais il aura bientôt sa station. Quant aux rois de France, qui reposent tous (sauf Charles X) à Saint-Denis, ils devront attendre les années 1980 pour être desservis par le métro.

Rame Sprague-Thomson à la station Porte des Lilas.

Années 1930 : les rames vont en banlieue.

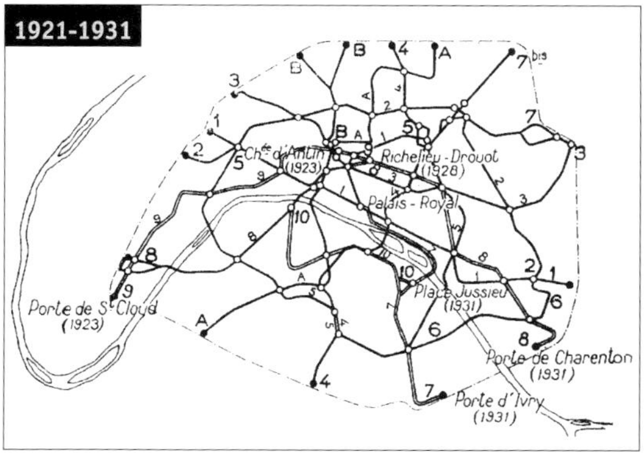

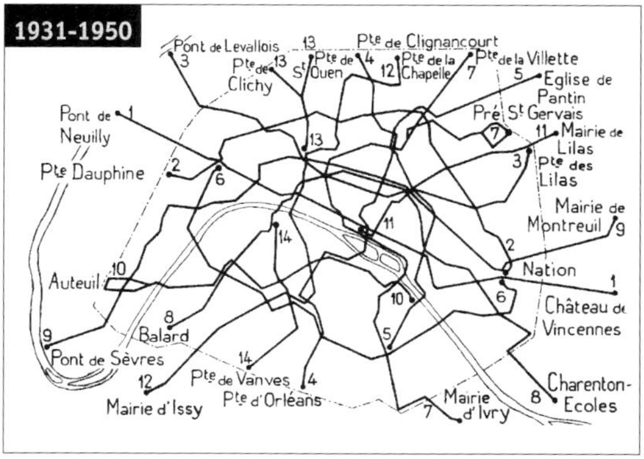

LE MÉTRO ET LA SECONDE GUERRE MONDIALE

La date du 2 septembre 1939 est de sinistre mémoire pour certaines stations qui furent alors fermées, sans qu'elles ne puissent jamais s'en remettre. Pendant la Première Guerre mondiale, le métro fonctionne du 1er au 30 août 1914 avec un service réduit à 30 %, mais ne connaît aucune fermeture de station ; la seconde entraîne

une réduction du service à 40 % du 2 au 30 septembre 1939 et des fermetures provisoires. Néanmoins, l'absence de tout moyen de transport automobile pendant la guerre (les pneus et l'essence sont introuvables) redonne au métro toute son importance, et un certain nombre de stations ouvrent de nouveau peu après le début de la guerre. La nécessité d'utiliser les stations comme abris contre les bombardements assure aussi leur maintien en service. L'année 1944 sera la plus difficile avec une interruption totale du trafic les 23 et 30 juillet, et du 6 au 12 août.

LE POINÇONNEUR, SA VIE, SON ŒUVRE

En bas de son escalier comme de l'échelle sociale, figure illustre du métro parisien pendant des décennies, doté d'un puissant organe (pour parler, par-dessus les voies à son collègue posté sur le quai d'en face), héros national grâce à la chanson dédiée à son collègue des Lilas, le poinçonneur n'existe plus, emporté par la tourmente technocratique des dernières années 1960.
Que faisait-il exactement, ce poinçonneur, dans sa petite loge vitrée posée au pied de l'escalier d'accès au quai ? Muni d'une pince, il poinçonnait, avec une rapidité et une dextérité incroyables, des milliers de billets chaque jour. Le voyageur lui tendait le billet d'une seule et unique manière : le poinçonneur devait pouvoir, sans avoir à le retourner, l'insérer directement dans la fente de la pince avant de le restituer d'un geste impératif. Dans le cas contraire ou si, pire encore, le billet tombait à terre dans la loge, on se faisait proprement insulter avec un bon accent bien de Paris – ce qui arrivait fréquemment, on s'en doute, aux provinciaux et aux touristes, qui se souvenaient de la leçon. Le poinçonneur devait se lever, ouvrir le petit portillon de sa loge, en sortir, s'accroupir et mener une recherche approfondie. Derrière le voyageur maladroit se formait immédiatement une longue queue de rouspéteurs qui ajoutaient leur chœur à la voix du soliste à casquette.

1972 : les premiers tripodes apparaissent, surmontés de composteurs d'autobus.

Certains farceurs ou fauchés pratiquaient un art consistant à reboucher le trou rond fait par le poinçon avec de la mie de pain triturée, aplatie et appliquée d'un ou deux coups de marteau. Les esthètes allaient, si nécessaire, jusqu'à compléter à l'encre de Chine les marquages. Pour ces talentueux faussaires, ce bricolage honteux permettait assez facilement de voyager une seconde fois avec son billet en misant sur la hâte du poinçonneur et la pénombre de sa loge. Aujourd'hui, le sport a remplacé l'art et les tricheurs sont d'agiles spécialistes du cent m haies ou du saut en hauteur sur tripode.

Poinçonneuse au repos, entre deux rames, 1934.

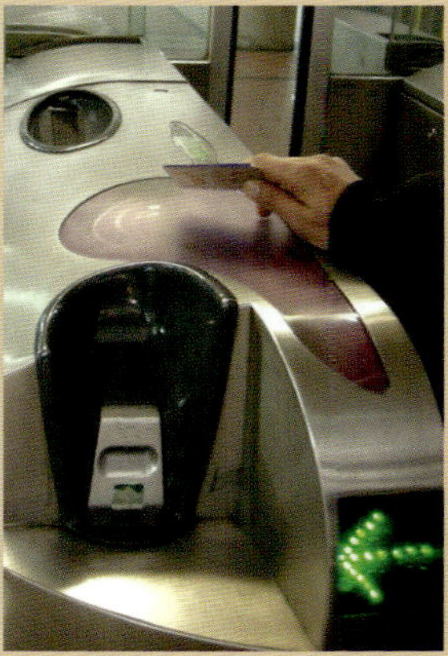
Le Passe-sans-contact, sésame des transports du nouveau millénaire ?
(Photo Guillaume Séchet)

Campagne publicitaire pour le métro, par Siné (1953).

Métro-boulot-dodo (1960-1980)

C'est la période, sans nul doute, la plus dure et la plus triste. Le métro subit de plein fouet la déconsidération jetée sur la vie urbaine, le travail, la société capitaliste... C'est le fameux "Métro-boulot-dodo" tant décrié par les soixante-huitards, surtout ceux des banlieues qui se lèvent tôt le matin pour aller travailler.

Pris dans un mouvement qui voit exploser son rôle départemental, devenant partie seconde d'un réseau régional qui le double, l'interpénètre, le chasse même de son rôle de transporteur quotidien, le métro de Paris est davantage victime d'une image négative. Car, plus performant que jamais, transportant plus de gens et dans de meilleures conditions (on est assis parfois même aux heures de pointe), plus sûr en dépit de ce qui est dit ou supposé, le métro mérite mieux que ce slogan dévastateur et mieux qu'un second rôle à l'ombre du roi RER.

Heures de pointe...

Le retour du métro, plus "chic et choc" que jamais

Les années 1980 annoncent l'ère d'un redressement de l'image de marque du métro. D'excellentes campagnes publicitaires en seraient la cause, comme l'immortel "Ticket chic, ticket choc". Peut-être. Disons que ces campagnes ont accompagné un mouvement plus profond, à commencer par la désaffection des citadins pour la voiture.

Années 1980, le billet devient "ticket chic, ticket choc".

Les rames du métro se remplissent d'une clientèle qui n'aurait jamais dû les déserter si elle n'avait pas cédé aux sirènes de la consommation automobile, de la maisonnette à vingt minutes de Paris (temps de trajet garanti par les agences immobilières), du petit déjeuner de l'ami qui vient le servir sous la tonnelle (en plastique), du jardin bio, de l'instituteur qui sent bon l'encre violette (mais la classe a été supprimée), de la convivialité rurale qui se joue au-delà des barrières gardées par des molosses.

LE MÉTRO PERD-IL SES HOMMES ?

Aujourd'hui, en guise de présence humaine, les quais n'offrent plus que des bornes d'appel, des affiches avec la photo souriante du responsable de la communication de la ligne et des *public address* annoncés par haut-parleurs, dont les rames se font un plaisir de couvrir la voix en arrivant dans la station. Il serait surréaliste d'imaginer qu'il y avait, lors des débuts de

1934, la salle des recettes : toujours humaine.

l'exploitation du métro de Paris, un personnel assez nombreux à bord des rames : conducteur, chef de train veillant à ce que tout soit en ordre avant de donner le signal du départ, gardes dans les voitures veillant à l'ordre et à la sécurité ; la dernière motrice, qui avait même, au tout début, deux "gardes d'arrière", en conservera un jusqu'au lendemain de la Première Guerre mondiale. Sur le quai se trouvaient des surveillants de quai et, dans sa loge vitrée, le chef surveillant (chef de station pour les profanes), qui veillaient tous au bon déroulement des allées et venues des voyageurs montant et descendant des rames. Dans la salle des billets, la receveuse vendait ses

Le chef surveillant en butte aux passagers indélicats...

billets et, à l'entrée du quai, était posté le célèbre poinçonneur "qui était toujours le mari de la receveuse", paraît-il. Dans les rames, parmi les voyageurs de la motrice de tête, on trouvait le chef de train. Il occupait la première porte de la rame, jambes et bras bien écartés pour marquer son territoire, la tête penchée au-dehors pour surveiller le quai et les retardataires qui risquaient d'être coincés par les portes. C'est lui qui fermait toutes les portes de la rame en appuyant sur l'un des boutons des deux boitiers situés au plafond, mais, insigne privilège, sa porte à lui ne dépendait pas de ce système égalitaire : le chef fermait manuellement sa porte quand bon lui semblait. Alors, il s'asseyait sur son strapontin que, même aux heures de pointe, aucun postérieur vulgaire n'aurait oser profaner, ou bien il ouvrait la porte de la loge de conduite pour causer avec le conducteur. Le chef de train disparut avec l'automatisation des rames et le conducteur remplit désormais cet office.
Au lendemain de la Seconde Guerre mondiale, l'ensemble du personnel des quais disparut progressivement, jusqu'à l'installation définitive, à partir de 1971, du chef de station dans la salle des guichets.

Ce dernier, depuis l'exploitation des lignes par PCC (poste de commande et de contrôle centralisé), n'a plus à intervenir directement sur la ligne en cas d'incident. Avec Météor, le conducteur s'efface à son tour : le dernier des survivants s'est-il éteint ?
La RATP a mis en place, dans les années 1990, le "nouveau service en station", puis, depuis le début des années 2000, avec le renouvellement des espaces du métro, de nouveaux comptoirs d'information, faisant du même coup disparaître la paroi vitrée "étanche" entre le personnel et les voyageurs des anciennes recettes.

Un grand disparu : le chef de train.

Porte de Choisy.
Le contrôle aux
heures creuses.

RTE DE CHOISY
APPEL
USINE 20.22
RUE BECCARIA
EN SORTANT
JETEZ VOTRE BILLET
DANS LA BOITE

Motrices de 10,850 m ou 13,350 m**, avec grande loge. Remorques de 12,450 m. Premiers châssis à bogies. Caisses bois et métal, portes à deux vantaux.

Motrices Sprague-Thomson de 13,350 m avec grande loge. Remorques de 12,450 m. Caisses métalliques, 3 portes par côté, vitres en 2 parties.

Nord-Sud. Motrices à 4 moteurs 125 CV Sprague-Thomson de 13,600 m avec pantographe.*** Remorques de 13,600 m. Caisses bicolores, 3 portes, grandes vitres.

Motrices à 2 moteurs 175 CV Sprague-Thomson de 13,600 m avec petite loge. Remorques de 13,600 m. Caisses métalliques, 3 portes, grandes vitres.

Motrices à 4 moteurs 175 CV Sprague-Thomson de 14,200 m ; petite loge avec hublot. Remorques de 14,200 m. Caisses à 4 portes non équidistantes par côté.

Motrices à 4 moteurs 175 CV Sprague-Thomson de 14,200 m. Remorques de 14,200 m. 4 portes (équidistantes sur motrices) avec poussoirs non apparents. Voitures grises à l'origine sur la ligne 1.

…riel du Métropolitain a été alimenté à 600 V jusqu'en 1969 ;
…0 V.

…s de 1904 : motrices avec équipements électriques Thomson
…omson multiples ou Westinghouse multiples. Ces motrices
…à 3 portes par côté et mesuraient 10,850 m ou 13,350 m.

…s du Nord-Sud étaient alimentées par pantographe sur fil
…600 V) et frotteurs sur rail latéral (à – 600 V). Tous les autres
…Métropolitain ont été alimentés exclusivement par rail

Rame articulée constituée de 3 éléments montés sur 4 bogies (dont 2 moteurs). Longueur totale de la rame 36,620 mètres.

Première rame sur pneumatiques type MP 55. Motrices de 15 mètres, avec avant vertical. Remorques de 14,390 mètres.

Matériel fer type MF 67. Motrices avec loge de 15,145 mètres, avec avant profilé. Motrices intermédiaires et remorques de 14,390 mètres.

Matériel sur pneumatiques type MP 73. Motrices avec loge de 15,145 mètres, avec avant profilé. Motrices intermédiaires et remorques de 14,390 mètres.

Métro Blanc type MF 77. Motrices de 15,130 mètres. Remorques de 15,120 mètres. Caisses à profil galbé.

R E R

Ligne de Sceaux. Motrices "Z" de 20,700 mètres avec prise de courant par pantographe. Gabarit SNCF. Rames formées exclusivement d'automotrices.

Matériel RER type MS 61 (première version en 1967, avant redessiné en 1970). Motrices de 23,800 m avec pantographe. Remorques de 23,500 m. Rames de 1 à 3 éléments (de 2 motrices et 1 remorque).

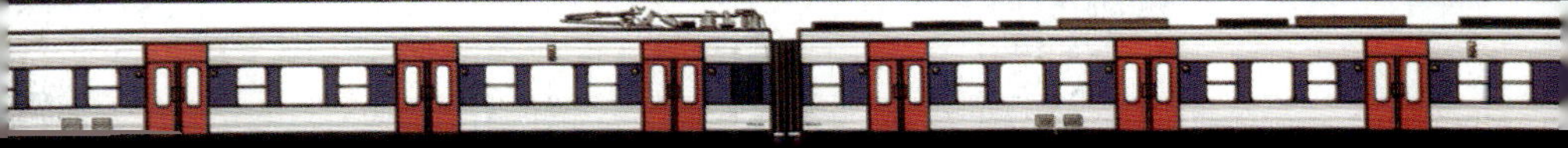

— III —

LE MATÉRIEL ROULANT D'HIER ET D'AUJOURD'HUI

Faisons un bref résumé de l'histoire de ce qui a roulé et roule encore dans le métro parisien. Volontairement limitée, cette présentation n'entend pas rivaliser avec celle des grands ouvrages ou des revues spécialisées. Les amateurs de détails techniques pourront se référer aux livres cités en bibliographie[1].

Première rame en bois Westinghouse, 1900.

L'époque des rames à caisse et intérieur en bois, héritières directes des tramways… mais inflammables.

Le matériel type 100 et 200, bois et en deux essieux (1900)

Oublié de tous aujourd'hui, ce matériel assure le démarrage du métro parisien. Construit par Thomson, il est composé de motrices et de remorques sur deux essieux seulement et à (dangereuse) caisse en bois. Long de 7,44 m à 8,88 m selon les types, ce matériel est issu directement du matériel de type tramway, mais est équipé de deux puissants moteurs de 125 chevaux. Les portes sont étroites, à un seul vantail coulissant par côté, mécanisme qu'il faudra vite faire évoluer pour faciliter les mouvements des voyageurs. La conséquence la plus visible de la catastrophe de 1903 à la station Couronnes est le retrait rapide de ce type de matériel qui prend feu en cas de court-circuit. Les moteurs, en effet, sont commandés par des "controllers" directs, placés en loge de conduite et dans lesquels passe l'intensité du courant de traction ! Les rames de sept ou huit voitures demandent la présence de deux motrices, l'une en tête et l'autre en queue, reliées par un gros câble électrique transportant, sur toute la longueur de la rame, le courant traction. Sur le plan de la sécurité, ce n'est pas l'idéal…

Page 80 : Généalogie du matériel roulant, affiche RATP.
Page 81 : Rame MF 67, prototype Inox.

Type 100, à caisse en bois et essieux parallèles, 1900.

1. Lire, notamment, les pages 84 à 133 du livre de Jean Tricoire, *Un siècle de métro en 14 lignes*, Éd. La Vie du Rail, Paris, 1999.

Type 300, à caisse en bois, mais à loge métallique, 1904.

Sprague-Thomson, 1908.

Le matériel type 300 (1904)

Le type 300 marque un revirement complet en matière de matériel, avec, désormais, le recours au métal, des bogies, la traction en unités multiples (commande de motrices indépendantes depuis la loge de conduite de tête). Longues de 10,85 m, sur bogies, à deux moteurs de 125 chevaux, ces motrices ont une loge de conduite entièrement métallique, enfermant tous les appareils électriques et garantissant la motrice ou la rame d'un feu éventuel. Les motrices sont soit des transformations des anciennes (d'où la caisse en bois), soit des constructions intégrales.

Le matériel type 500-600 Sprague-Thomson (1908)

Mis en service rapidement à la suite de la catastrophe de Couronnes, il constitue la première apparition d'un grand classique du métro parisien : le matériel Sprague-Thomson. Construit par De Dietrich à Lunéville ou les Ateliers du Nord de la France (ANF) à Blanc-Misseron, ces motrices ont une longueur de 13,35 m, deux moteurs de 175 chevaux et de "grandes loges" longues de 2,50 m, hébergeant le conducteur et les équipements électriques de traction. La commande des moteurs de traction est synchronisée, effectuée par des contacteurs électromagnétiques, des relais d'intensité et par l'intermédiaire d'une ligne de train à cinq fils. Elles sont, avec leurs remorques, entièrement métalliques... enfin ! Très beau, très robuste, ce matériel reste en service pendant soixante-six années, circulant jusqu'en 1974.

Motrice type 500, entièrement métallique, 1908, en tête d'une rame à République, sur la ligne 5, en 1960.

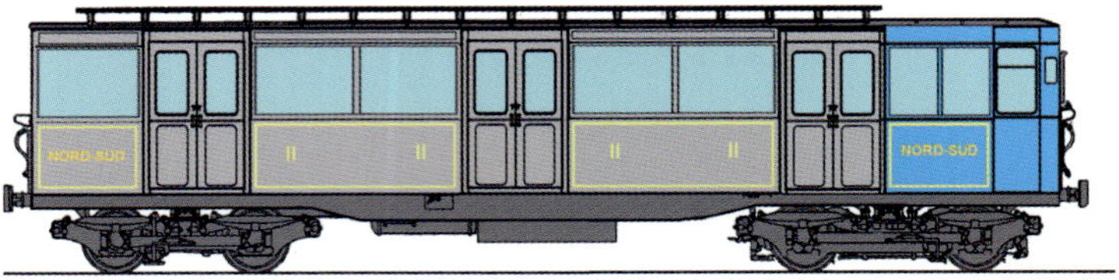

Nord-Sud, 1910 à 1925.

Le matériel Nord-Sud (1910)

Proche parent des Sprague de la CMP, mais plus perfectionné, le matériel Thomson du Nord-Sud est mis en service en 1910 sous la forme de voitures (motrices et remorques) de 13,60 m, à trois portes par face, dotées de quatre moteurs Thomson de 125 chevaux. Ces rames utilisent un système d'alimentation qui mérite deux mots : la motrice de tête est alimentée par un pantographe frottant sur un fil aérien à + 600 V et la motrice de queue a un frotteur sur troisième rail latéral à - 600 V, d'où un équipement en 1 200 V avec des isolements à 600 V. Les rails de roulement sont au neutre. Cette solution disparaîtra après la fusion avec le métro : le matériel sera converti pour rouler avec un troisième rail exclusivement et sous la tension de 600 V, mais les somptueuses couleurs resteront ! La suspension, le confort, la décoration aux couleurs vives placent ces rames dans une catégorie à part.

Le matériel type 800-1000 à 1300 Sprague-Thomson (1923)

Ce très beau matériel représente, pour les amoureux du métro, le nec plus ultra, celui de la grande période de l'entre-deux-guerres : le Sprague, celui dont on parle tant. Il se caractérise par ses “petites loges” de 1,08 m permettant d'augmenter la capacité en voyageurs, les équipements électriques ayant émigré sous le châssis. Longues de 13,60 m, ces motrices et leurs remorques assurent la grande période des dernières années 1920 et des années 1930, le métro de Paris connais-

Intérieur clair et dégagé d'une motrice Sprague, 1933.

sant alors un trafic considérable. La CMP dispose, à la veille de la Seconde Guerre mondiale, de 2720 voitures (motrices et remorques) de ce type. Ce matériel est caractérisé par la présence de trois ou quatre portes par face et de quatre moteurs de 175 chevaux sur les dernières séries. De nombreuses variantes sont construites, les commandes s'échelonnant de 1923 à 1933. Ce matériel forme des rames vertes ou grises, rouges en première classe. Très présent dans les souvenirs des Parisiens, il ne termine sa carrière que le 16 avril 1983 sur la ligne 9.

Le matériel articulé MA (1951)

Bleu et crème, il est le premier intrus dans l'univers vert-rouge ou gris-rouge des Sprague, et annonce l'arrivée de temps nouveaux. Né de la volonté de moduler les rames en fonction des pointes de trafic, ce matériel se compose de rames de trois voitures sur quatre bogies qui circulent par paires aux heures de pointe pour former des rames de six caisses. Chaque rame dispose de quatre moteurs de 94 chevaux. Mis en circulation sur la ligne 13 en 1952, il donne moyennement satisfaction et émigre sur la 10 à l'occasion de l'extension de la ligne 13. La ligne 10 est moins chargée et lui assure une carrière jusqu'en 1994.

Le matériel sur pneus MP 55 (1956)

Ah ! Le métro sur pneus... Une querelle des anciens et des modernes, véritable bataille d'*Hernani*, préside à sa naissance. Et il faut bien croire, au vu de ce qui se passe aujourd'hui sur le réseau de la RATP, que le concept était bon et a définitivement effacé les préjugés défavorables que les michelines (autorails sur pneus) de la SNCF avaient laissés en leur temps. Assurant des démarrages et des ralentissements énergiques, le pneumatique permet d'augmenter le débit d'une ligne par réduction de l'intervalle entre les rames. Construit par Renault ou par Brissonneau & Lotz, commençant sa carrière en 1957 sur la ligne 11, où il excelle sur les rampes de 40 mm par mètre, le MP 55 comprend des motrices à quatre moteurs de 90 chevaux et des rames de quatre voitures. Il a terminé sa carrière en 1999, remplacé par un matériel modernisé et plus puissant.

À gauche, rame articulée sur la fosse de Porte d'Auteuil.

Le métro circulera finalement aussi sur pneus avec le MP 55 (ci-dessous).

Le matériel sur pneus MP 59 (1963)

Descendant direct du MP 55, le MP 59 a cependant des moteurs plus puissants de quatre fois 140 chevaux et un aspect plus moderne avec le grand pare-brise de la loge de conduite. Il est construit par la Compagnie industrielle de matériel de traction (CIMT), Alsthom, et la CEMT. Si le MP 55 était fidèle à la ligne 11, le MP 59 se répand sur la ligne 1 (1964), puis 4 (1966) et 11 (1998). Il circule toujours sur les lignes 4 et 11, mais sera remplacé sur la 4, en 2011 et 2012, par les MP 89 de la ligne 1, eux-mêmes chassés par l'arrivée du MP 05.

Le MP 59, en circulation depuis 1964, ici dans sa version rénovée.

Le MF 67 succède au Sprague et relance le matériel fer.

Le matériel fer MF 67 (1967)

C'est le véritable remplaçant des Sprague, circulant sur un grand nombre de lignes dans les années 1960 à 1980. Il est surnommé parfois "métro bleu" et redonne sa chance au matériel classique dit "fer" (en fait, il s'agit d'acier) dans la mesure où la transformation des lignes pour le matériel sur pneus coûte cher et demande beaucoup de temps. Si l'on avait transformé tout le réseau, on serait encore dans les travaux. Les progrès des moteurs de traction, des bogies, des suspensions... redonnent leurs chances au chemin de fer classique ; Brissonneau & Lotz et la CIMT livrent ces rames MF 67 sur la ligne 3 en décembre 1967. Les caisses sont longues de 15,145 ou 14,390 m, ont quatre portes par face, des bogies bimoteurs de deux fois 145 chevaux ou monomoteurs de 245 chevaux. Le MF 67 équipe à l'époque les lignes 3, 7, 9, 10 et 13, puis aujourd'hui les 2, 3, 3 bis, 5, 9, 10 et 12. Le MF 01 est appelé à remplacer le matériel MF 67 progressivement sur la ligne 2 et, dans les années à venir, sur les lignes 5 et 9.

MF 67.

Avec le MP 73, la ligne 6 gagne en silence de marche.

Le matériel sur pneus MP 73 (1974)

C'est le matériel qui équipe la ligne 6 en 1974, au grand soulagement des riverains qui, notamment à Passy, se plaignaient du bruit des rames fer. Il dérive du MP 59 dont il a les mêmes puissances et performances, et se caractérise par une nouvelle esthétique de la face avant imitée du MF 67. Il est toujours en circulation.

Le matériel fer MF 77 ou "métro blanc" (1978)

C'est le beau "métro blanc", dont l'entrée en service en 1978 marque l'arrivée du confort et de l'espace, de la vitesse et du silence. Sa caisse, aux formes spécialement étudiées pour occuper au mieux le gabarit disponible et offrir un espace maximal aux épaules des voyageurs, se prête aux performances requises par les longs prolongements en banlieue. Construit par La Franco-Belge, CEM, Creusot-Loire, ANF, Jeumont-Schneider, le MF 77 dispose de six moteurs et 1500 kW par rame. C'est lui qui, en 1983, envoie les Sprague au cimetière. Il excelle aujourd'hui sur les lignes 7, 8 et la très longue ligne 13.

Le MF 88

Issu de la rame articulée prototype Boa, le MF 88 équipe la ligne 7 bis depuis 1994 et forme une curiosité qui vaut le déplacement : si les voitures communiquent entre elles par des soufflets en caoutchouc à gabarit large, elles sont surtout montées sur deux essieux qui peuvent s'orienter en courbe. Les roues ne sont pas solidaires d'un même axe, mais dépendent d'un différentiel. Le système ne "crisse" pas dans les courbes.

Confort et technicité pour le MF 77, dit "métro blanc", résolument moderne.

Le matériel sur pneus MP 89 (1990)

Actuellement, c'est le "top" du matériel sur pneus, présent sous deux formes : soit 52 rames avec conducteur (version CC) pour remplacer les anciennes rames sur pneus qui accusaient leur âge sur la ligne 1, soit 21 rames sans conducteur (version CA) pour la ligne 14. Les voitures forment un seul espace continu, rassurant et agréable pour les voyageurs, le design intérieur est particulièrement confortable. Chaque rame dispose de 2 800 kW, un record pour le métro qui prend des allures de TGV.

Le MF 01

Il assure le renouvellement des rames MF 67 sur les lignes 2, 5 et 9. La livraison est en cours depuis 2008 sur la ligne 2 et portera sur environ 1 500 voitures destinées aux lignes 2, 3, 5, 9, 10 et 12. D'un design très futuriste, ce matériel est silencieux, économique, écologique. Chaque rame coûte une vingtaine de millions de francs, ce qui reste un prix très performant si l'on pense à la durée de vie du matériel et aux millions de personnes transportées.

Les mystérieux travailleurs de la nuit : le remplacement des rails usagés.

Le MP 05

Une nouvelle génération de matériel roulant est désormais livrée, le MP 05, qui équipera à partir de 2011, la ligne 1, automatisée sans conducteur, sur laquelle ont déjà été installées des portes palières.

Le MF 01, vu avant sa mise en service publique, à l'occasion d'essais nocturnes en mars 2006.

Les engins de travaux

On ne les voit jamais, ces humbles travailleurs de la nuit. Rendons-leur hommage, car, discrètement et aux heures où le bon bourgeois sommeille, ils rendent possible les déplacements de jour ou de soirée de millions de voyageurs. Il s'agit souvent d'anciennes motrices Sprague transformées qui remorquent ou poussent des trains de travaux ou de renouvellement du ballast. Des engins nouveaux, dénommés TME (Tracteurs à moteurs électriques) remplacent progressivement depuis 2005 les anciens tracteurs de travaux Sprague-Thomson.

Le renouvellement des voies ballastées.

PTE des LILAS
151

La "Grand-Mère", prototype du métro sur pneumatiques MP 51.

ARTS ET MÉTIERS

CURIOSITÉS
TROPOLITAIN
8 ITINÉRAIR

1

La butte Montmartre, ses hauteurs et ses alentours

Départ et retour : Saint-Lazare
Durée : 2h environ

Saint-Georges (état d'origine) : une curieuse voûte en deux parties.

Pages précédentes : La station Arts et Métiers, décorée par François Schuiten, et signalétique moderne à Bastille.

La rotonde Nord-Sud de Saint-Lazare

L'accès à la station Saint-Lazare qui se trouve rue d'Amsterdam ou rue du Havre permet de se rendre à la fameuse rotonde réalisée par le Nord-Sud en 1910. Cette rotonde, l'un des chefs-d'œuvre architecturaux du métro, a été construite par cette compagnie privée pour servir de lieu d'accès à ses deux lignes, A (Porte de Versailles - Porte de la Chapelle) et B (Saint-Lazare - Porte de Saint-Ouen / Porte de Clichy), devenues respectivement lignes 12 et 13 du métro parisien. La rotonde a été dessinée par l'architecte Lucien Bechmann qui avait prévu d'étayer la chaussée du carrefour du Havre par une voûte métallique soutenue par huit piliers recouverts de céramique.

La rotonde de Saint-Lazare, accès aux deux lignes du Nord-Sud.

Nous prenons la ligne 12, direction Porte de la Chapelle. Mise en service par tronçons à partir de 1910, cette ex-ligne du Nord-Sud part de la Porte de Versailles, atteint Pigalle en 1911, Jules Joffrin en 1912 et Porte de la Chapelle en 1916 ; l'inauguration se déroule en pleine guerre.

Nous montons dans une rame MF 67. La ligne est orientée en direction de l'est et suit la rue Saint-Lazare et celle de Châteaudun. À la station Trinité, nous remarquons une voie de garage en impasse sur notre gauche. Nous passons Notre-Dame de Lorette, puis la ligne s'incurve brusquement sur la gauche en s'inscrivant dans une courbe de 50 m de rayon seulement avant d'affronter la rampe de Montmartre. Voici Saint-Georges, dont la particularité est de comporter une double voûte avec un piédroit séparant la station en deux demi-stations à quai unique. Cette disposition révèle les difficultés de construction dans un terrain meuble et peu adapté. À Pigalle, nous regagnons la ligne 2, direction Nation – nous retrouverons la ligne 12 ultérieurement pour finir notre ascension montmartroise.

Le parcours aérien Nord

La station dans laquelle nous nous retrouvons n'a rien de la splendeur de celle du Nord-Sud... La ligne 2 (Nation - Porte Dauphine) fut ouverte en plusieurs étapes entre 1902 et 1903. Le matériel Sprague a régné sur cette ligne sans interruption entre 1908 et 1981. L'une des rames MF 67 ou MF 01 de la ligne nous

Anvers, sur la ligne 2, à l'époque où la station était « carrossée ».

emmène en direction de Nation. À l'entrée d'Anvers, nous voyons sur notre droite l'une des extrémités de la plus longue voie de raccordement du métro, menant aux lignes 4 et 5. Cette voie de raccordement est entrée dans l'histoire grâce à Fantômas qui y cachait une motrice de métro volée... Son long tracé de 2 km environ sert à l'apprentissage aux métiers de conduite du métro. Après Anvers, nous affrontons la courte rampe de 40 mm par mètre débouchant sur le parcours aérien : nous émergeons en plein Barbès, longeant le magasin Tati sur la gauche.

La station Barbès-Rochechouart se fait remarquer par ses très beaux quais couverts[1], mais nous restons dans la rame pour découvrir Paris d'en haut. Après la station, nous regardons sur la droite : c'est l'hôpital Lariboisière, puis la traversée des voies de la gare du Nord sur un grand viaduc formé de deux arches de 75,25 m, avec une superbe vue sur les trains en partance (Eurostar, TGV, rames de banlieue). Nous passons La Chapelle, dont les quais couverts sont dans le même style que ceux de Barbès-Rochechouart, avant d'enjamber les voies de la gare de l'Est sur un viaduc d'une seule portée de 75,25 m. Sur la gauche, une vue se dégage sur la butte Montmartre.

Construction du viaduc au-dessus des voies de la gare du Nord.

Rames Sprague en extérieur sur la ligne 2, au-dessus des voies de la gare de l'Est.

Passé Stalingrad, nous nous plaçons sur la gauche de la rame pour admirer la rotonde de Claude Nicolas Ledoux dominant le bassin de la Villette. La voie évite la rotonde au prix d'une gracieuse courbe et contre-courbe au rayon de 75 m seulement. Nous quittons la rame

La rotonde de Ledoux.

1. Sur la ligne 2, les stations aériennes ne sont pas intégralement couvertes par une marquise vitrée, comme c'est le cas sur la ligne 6, mais les parois des stations sont vitrées alors qu'elles sont pleines sur la ligne 6.

Vitraux pavoisés des quais couverts de Jaurès, par Jacques-Antoine Ducatez.

À droite : une rame MF 67 sur le viaduc de la ligne 2, entre Jaurès et Stalingrad.

à Jaurès. Les vitraux du quai couvert dessinés par Jacques-Antoine Ducatez méritent le coup d'œil : ils représentent les drapeaux des révolutionnaires entourant la Bastille et se préparant à lui faire un sort... La station Jaurès s'est appelée Rue d'Allemagne jusqu'en 1914, nom que portait aussi le boulevard situé en contrebas. Après cette station, la ligne reprend son parcours souterrain.

Nous quittons la station Jaurès pour aller nous promener sous la ligne aérienne et en observer les viaducs. Les piliers de fonte sont remarquables : leur décoration de fûts cannelés et de chapiteaux de style assyrien est due à l'architecte Jean-Camille Formigé. Les piliers des coins de station, en pierre de taille, sont décorés de guirlandes et de motifs. Les armes de la Ville de Paris ornent les frontons.

Nous marchons jusqu'à Stalingrad en contournant la rotonde de Ledoux pour prendre la direction Porte Dauphine et faire le parcours en sens inverse jusqu'à Pigalle. Nous quittons la ligne 2 pour la ligne 12, direction Porte de la Chapelle, afin de reprendre notre exploration des hauteurs de Montmartre par l'intérieur.

Motifs d'architecture à l'extérieur de la station Stalingrad.

Le Nord-Sud à Montmartre

Nous montons à bord d'une rame MF 67 : ce matériel remplace – tant bien que mal pour les nostalgiques – les fameuses rames Sprague qui avaient supplanté, au début des années 1970, les anciennes Nord-Sud spécifiques à cette ligne. Depuis Notre-Dame de Lorette, la rame affronte la longue rampe de 40 mm par mètre (une vraie rampe de ligne de montagne, plus forte que celles des grandes percées alpines en Suisse), avec une courbe de 50 m de rayon ; une fois la station Pigalle franchie, elle continue son ascension, mais avec une rampe moins sévère, et la ligne s'enterre plus profondément dans le sol.

Nous descendons à Abbesses ; la rame, elle, poursuit sa progression jusqu'à Lamarck-Caulaincourt, point culminant de la ligne, avant de redescendre en direction de Porte de la Chapelle par un parcours très accidenté et sinueux. Pour gagner la surface, à 31 m au-dessus, deux solutions : soit par l'escalier à deux volées hélicoïdales imbriquées permettant deux flux séparés, soit par l'ascenseur, plus rapide, mais qui efface psychologiquement l'impressionnant enfouissement de la ligne dans le sous-sol. La construction de la ligne entre Saint-Lazare et Porte de la Chapelle a coûté une fortune et a véritablement mis à genoux la compagnie du Nord-Sud.

Nous débouchons place des Abbesses, en plein Montmartre. L'accès de la station, de style Guimard, n'est nullement un accès Nord-Sud : cette bouche de métro était jadis place de l'Hôtel de Ville, sur le réseau de la CMP, est désormais installée ici en raison de son classement aux monuments historiques. Elle mérite d'être admirée, malgré son déplacement quelque peu désinvolte.

Après une promenade à Montmartre, nous revenons à notre point de départ, la rotonde de Saint-Lazare, en reprenant une rame à Abbesses ou à Lamarck-Caulaincourt, dont on notera l'accès de plain-pied à flanc de colline. La longue descente avec des courbes serrées entre Pigalle et Notre-Dame de Lorette est impressionnante.

Accès à Lamarck-Caulaincourt sur les flancs de la butte Montmartre.

Ex-accès d'Hôtel de Ville, l'édicule Guimard est désormais "classé" à Abbesses.

2

Les mystères des Buttes-Chaumont

Départ et retour : Gare de l'Est
Durée : 1h environ

Gare de l'Est

L'intérêt de Gare de l'Est, où se croisent les lignes 5 et 7, est d'être l'une des plus grandes stations à couverture métallique de la capitale. La technique consiste à creuser le sol et à construire la station à ciel ouvert, puis à la couvrir avec un ouvrage métallique servant également de soubassement à la chaussée. Les stations ordinaires, avec deux voies et deux quais, ont une largeur de 13,50 m entre les piédroits soutenant la couverture métallique, elle-même composée de poutres jumelles réunies par des cornières soutenant des longerons. Dans le cas de la station Gare de l'Est, il faut enjamber deux voies et leurs quais, ce qui demande des poutres plus longues soutenues par des colonnes en fonte. Toutefois, les deux lignes 5 et 7 n'étant pas parallèles, la couverture repose sur des piédroits là où les deux lignes divergent. La ligne 4 passe sous cette station commune, sensiblement à l'endroit où les lignes 5 et 7 se rejoignent pour former un tunnel commun à quatre voies. Très impressionnant, on peut apercevoir, depuis la passerelle de la station, la prolongation de ce vaste ouvrage en tranchée couverte.

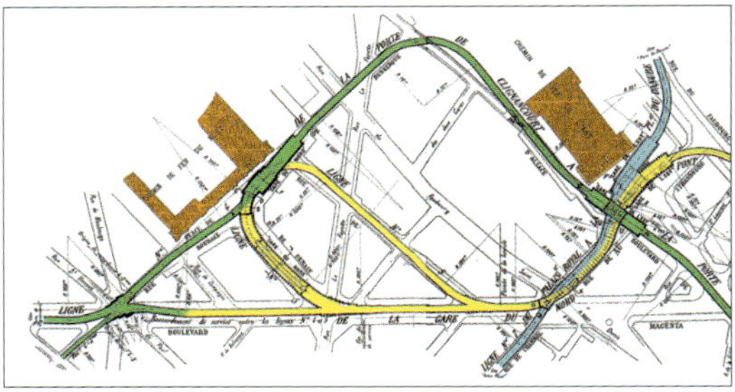

Croisement des lignes 4, 5 et 7 à la gare de l'Est.

Construction de Gare de l'Est, l'une des grandes stations métalliques du métro.

Nous prenons la ligne 7, direction La Courneuve. Nous montons à bord d'une rame MF 77 délestée de ses très nombreux voyageurs qui, aux heures de pointe, le soir surtout, gagnent la gare SNCF et la banlieue. Nous passons la station Château-Landon, dont la particularité est d'avoir un piédroit central : la géologie assez particulière du nord-est de Paris a interdit, dans beaucoup de cas, la construction de stations à voûte unique.

Nous descendons à Louis Blanc et allons attendre, sur le quai de l'autre point d'arrêt de la station, une rame de la ligne 7 bis venant de Pré-Saint-Gervais, qui repartira – en sens inverse, donc – dans cette même direction.

L'histoire d'une branche coupée

La ligne 7 était prévue initialement assez courte, reliant le Palais-Royal à la place du Danube, selon la concession d'origine. À sa construction, la ligne fut en fait tracée de l'Hôtel de Ville au Pré-Saint-Gervais. Une branche fut créée à partir de Louis Blanc pour desservir la porte de la Villette. À l'autre extrémité, on prolongea la ligne de l'Hôtel de Ville à la Bastille.

Par étapes, la ligne fut aussi prolongée sous la Seine en direction de la rive gauche (1931) et atteignit la porte d'Ivry.

Mais revenons à nos branches. Notez bien : c'est la 7 bis actuelle qui fut la "vraie" 7, avant de devenir une branche de sa ligne initiale ! Il faut dire que les difficultés de construction de la ligne dans les hauteurs des Buttes-Chaumont furent telles que l'embranchement de la porte de la Villette fut ouvert en premier et relégua l'autre partie de la ligne au second rôle. Le terrain des collines des Buttes-Chaumont recelait d'anciennes carrières de gypse, sur plusieurs étages, sommairement remblayés, parfois "foudroyés" à coup d'explosifs.

Ancienne carrière de gypse (ici, avant leur remblaiement au XIXe siècle), telle qu'on en rencontra lors de la construction de la ligne 7.

La boucle de la 7 bis à l'époque des Sprague.

Nous prenons à Louis Blanc notre rame MF 88 ; celle-ci s'engage résolument sur une courbe à droite pour s'attaquer à la longue rampe qui va la mener vers les sommets parisiens. Après Jaurès et Bolivar apparaît la station Buttes-Chaumont, construite avec un piedroit central divisant la station en deux voûtes à voie unique : dans cette station, les quais sont à 28,70 m sous la surface. Nous ne voyons pas (heureusement...) que les tunnels sont entourés de grottes ou d'excavations de carrières anciennes et soutenus par des viaducs ; suffirait-il de percer le quai ou le ballast pour trouver un vide béant et affreux ? Après Botzaris, les deux voies se séparent : nous nous engageons sur la boucle.

Haxo, la station fantôme

Le tunnel est d'abord à une voie, puis à deux voies jusqu'à la station Place des Fêtes, curieusement disposée en courbe avec un quai central entre les voies. Nous ne sommes plus qu'à 20,32 m de la surface et, en même temps, nous sommes loin au-dessus du centre de Paris, que nous dominons sans le savoir.

Haxo, la station inachevée sur la voie des Fêtes.

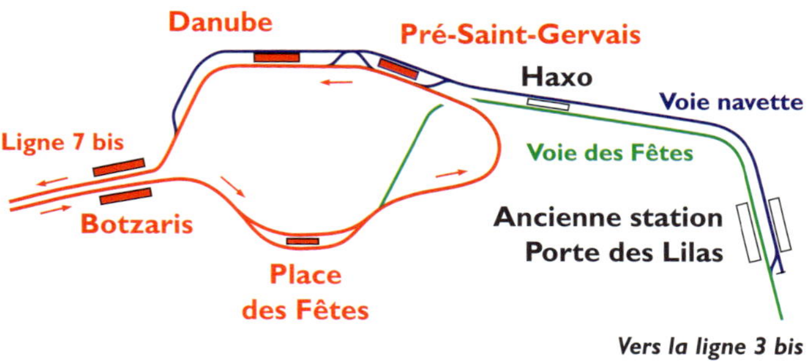

La voie des Fêtes et sa mystérieuse station Haxo, à l'extrémité de la boucle de la ligne 7 bis.

La rame MF 88 reprend sa course, laissant à gauche une mystérieuse voie, dite “voie des Fêtes”, qui permet un raccordement vers la ligne 3 bis au niveau de sa station Porte des Lilas. Cette voie des Fêtes rejoint une “voie navette” et la suit jusqu'à la ligne 3 bis. Une mystérieuse station fantôme, appelée Porte du Pré-Saint-Gervais ou encore Haxo sur les cartes du projet, fut bien creusée, mais elle resta inachevée et sans aucun accès. Ces deux voies passent ensuite par l'ancienne station Porte des Lilas, aujourd'hui inactive, et l'une d'elles se raccorde à la ligne 3 bis au-delà de l'actuelle station (active) Porte des Lilas.

Ces deux voies bien parallèles, avec leurs stations mystérieuses, sont bien un reste de ligne. En 1910, la ligne 3 est poussée jusqu'à la porte des Lilas. De son côté, la ligne 7 reliait le Pré-Saint-Gervais à l'Opéra et il était question, à l'époque, de faire un raccordement entre les lignes 3 et 7 sous la forme d'une courte ligne 3 ter permettant alors une exploitation commune ou non des deux lignes selon les heures de la journée, avec des trains d'une ligne desservant le terminus de l'autre en fin de parcours. En 1921, cette idée fut abandonnée, chaque ligne restant indépendante. Le raccordement fut utilisé ensuite comme voie d'essai ou de garage du matériel. La station Haxo a quand même vu passer quelques voyageurs au début des années 1950, lors des essais de la “grand-mère”, c'est-à-dire du prototype du métro sur pneumatiques.

Des stations sur des piliers vertigineux

Amorçant alors une grande descente ininterrompue jusqu'au cœur de Paris, nous arrivons à la station Pré-Saint-Gervais, à double voie et quai central du fait de sa situation sur l'ancien itinéraire 3 ter. La rame marque un arrêt prolongé, car c'est le terminus de la ligne. Cela vaut la peine de descendre de la rame et d'aller en queue

Ligne 7 bis, coupe du tunnel.

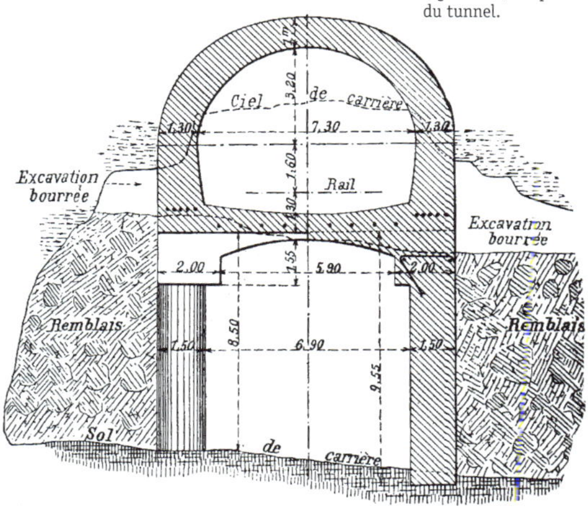

pour voir, depuis l'extrémité du quai, l'amorce de la "voie navette" que l'on aperçoit très bien sur la gauche. Dès que nous entendons le signal sonore, nous regagnons la rame et repartons. Nous restons en tunnel à double voie jusqu'à la station Danube, elle aussi dans la même situation. Cette station repose sur d'immenses piliers de plus de 30 m de hauteur qui mettent le niveau du rail à 33,49 m exactement au-dessus du sol ferme, traversant un terrain sans consistance : anciennes carrières, remblais et autres matériaux peu engageants !

Après Danube, nous sommes de nouveau en voie et tunnel uniques jusqu'à Botzaris où la boucle est bouclée : nous retrouvons la voie montante que nous avons empruntée à Louis Blanc. Nous redescendons dans cette direction.

Maquette de la station Danube, "juchée" à 30 m de hauteur dans des remblais inconsistants.

Rame articulée prototype, dite Boa, en cours d'essai.

Un coup d'œil sur le MF 88

Avant de regagner Louis Blanc, quittons la rame à Bolivar ou Jaurès. Ces stations classiques à double voie permettent de voir arriver et repartir les rames MF 88 sur la voie opposée. L'observation de ces rames curieuses permet de constater qu'elles sont équipées d'essieux, même si, à l'extrémité de chaque rame, apparaît un dispositif qui ressemble à un bogie[1] : l'essieu est doté d'un essieu porteur complémentaire à petites roues et contrepoids assurant, en courbe, la rotation.

La conception classique du chemin de fer veut que, pour de nombreuses raisons de solidité et de sécurité, les deux roues d'un même essieu soient emmanchées de force sur l'axe pour former un ensemble solidaire. Mais, en courbe à rayon restreint – cas fréquent dans le métro où l'on descend jusqu'à 30 m (on est loin des 7 100 m de rayon du TGV Méditerranée !) –, cette solution entraîne des crissements puisque les roues ont un parcours différent à accomplir et glissent sur les rails.

La RATP entreprit, entre 1984 et 1986, la construction d'un train

1. Le bogie est un petit chariot à quatre roues pouvant pivoter en courbe. À la différence d'une voiture à essieux fixes, une voiture de grande longueur, posée sur deux bogies placés à chaque extrémité, s'inscrit mieux en courbe et sans exercer de contrainte sur la voie.

articulé d'essai, dit Boa, formé d'éléments à inter-circulation et doté d'essieux à roues indépendantes les unes des autres, et sollicitées, en traction, par l'intermédiaire d'un différentiel de type automobile. Puis elle étendit ce principe à neuf rames, dites MF 88, engagées sur la ligne 7 bis à partir de 1992 et destinées à tester en service un certain nombre d'innovations techniques, dont les essieux orientables à roues indépendantes. Chaque rame dispose de quatre moteurs asynchrones de 210 kW, contrôlés par des onduleurs de tension à thyristors, et d'un système sophistiqué utilisant huit ordinateurs pour la commande de l'énergie, des portes, des auxiliaires…

La curieuse station Louis Blanc

Si le célèbre homme politique a droit à sa station – et même à deux pour le prix d'une…–, les idées du penseur ne viennent pas pour autant à l'esprit des centaines de voyageurs qui fréquentent les lieux tous les jours. Ces derniers savent encore moins que, de 1967 à 2004, son nom est associé une supercherie topologique digne des plus grandes énigmes…

L'affaire remonte aux années 1910, à la création de la ligne 7 et de sa branche, la 7 bis. Pendant des décennies, cette ligne fonctionne comme une ligne dite "à fourche". À Louis Blanc, certaines des rames continuent en direction de la porte de La Villette (et aujourd'hui La Courneuve), tandis

LE SUBTERFUGE DE LOUIS BLANC ENTRE 1967 ET 2004.

Sur ce schéma figurent les lignes 7 et 7 bis. Les rames de la ligne 7 s'arrêtent normalement à Louis Blanc et repartent.
Les rames MF 88 de la ligne 7 bis en provenance du Pré-Saint-Gervais s'engagent d'abord sur la voie à quai qui leur est réservée dans la station supérieure de Louis Blanc, se vident de leurs voyageurs et repartent en sens inverse, mais sur la voie centrale du tunnel qui, pour les connaisseurs, est la "voie Z". Elles franchissent l'aiguille terminant la "voie Z" et reviennent sur leurs pas jusque dans la station inférieure de Louis Blanc, où elles s'arrêtent sur la voie qui leur est réservée. Les voyageurs se dirigeant vers le Pré-Saint-Gervais montent et la rame MF 88 repart dans cette direction, donc en sens inverse de nouveau. Elle aura fait trois rebroussements. Petit problème supplémentaire : sachant qu'aucun agent ne conduit la rame en marche arrière, comment fait-on ?
Réponse : le conducteur qui assurera le retour, posté sur le quai de la station supérieure, monte en queue de la rame, tandis que le conducteur de l'aller reste à son poste, mais le désactive. Chacun des deux conducteurs prendra à tour de rôle la conduite de la rame lors des rebroussements. Lors du départ définitif pour le Pré-Saint-Gervais, le conducteur qui a fait le trajet aller quitte la rame (il est alors en queue) et va, à pied, à la station supérieure où il se postera en queue de la rame suivante. Ce va-et-vient a cessé en 2004.

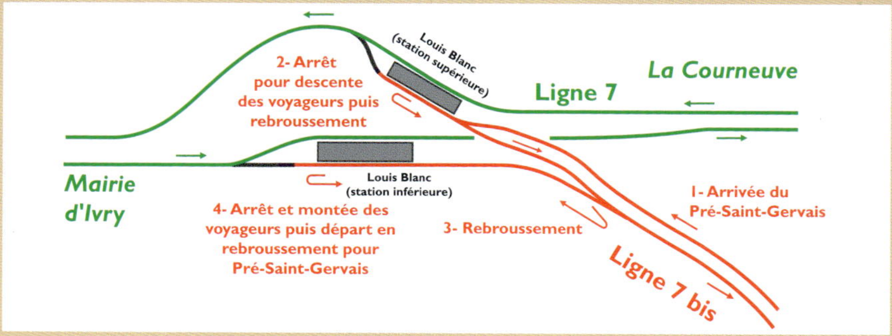

que d'autres sont aiguillées en direction du Pré-Saint-Gervais. L'avantage de ce dispositif est que chacun reste à sa place dans sa rame – à condition d'avoir prêté attention à la direction indiquée sur la rame et sur les tableaux lumineux des quais. Puis, le 3 décembre 1967, l'embranchement du Pré-Saint-Gervais est séparé de la ligne 7 et fait voie à part, devenant la ligne 7 bis. Elle bénéficie de rames qui lui sont propres, circulant sous forme de navette entre Louis Blanc et le Pré-Saint-Gervais (navette assurée aujourd'hui, nous venons de le voir, par des rames articulées à essieux radiants, les MF 88). Dès lors, quand on vient du centre de Paris et que l'on veut emprunter la petite ligne d'embranchement vers le haut du 19e arrondissement et le Pré-Saint-Gervais, on doit descendre à Louis Blanc et prendre, sur le même quai, la navette qui attend sur la voie bordant le quai de l'autre coté. Si l'on fait le tour complet de la boucle de la petite ligne 7 bis, on revient à Louis Blanc et l'on descend pour prendre la grande rame qui parcourt toute la ligne et qui s'arrêtera sur le même quai, sur la voie d'en face, cette fois encore, comme à l'aller.

Louis Blanc. À gauche, la ligne 7, à droite, la 7 bis.

Mais il y a comme un mystère, car, à l'aller, toutes les rames circulant la ligne 7 et passant à Louis Blanc vont en direction de la banlieue, tandis qu'au retour, au même endroit, elles vont en direction du centre de Paris. Y aurait-il donc un système de voie unique empruntée tantôt dans un sens puis dans l'autre par les rames de la ligne ? Le fait est que Louis Blanc abrite en réalité deux stations, absolument identiques, à ceci près que l'une possède une cabine d'aiguillage sur son quai : on change de rame dans l'une à l'aller, dans l'autre au retour. Les rames de la ligne 7 bis effectuent donc des manœuvres (voir encadré ci-contre) pour desservir les deux stations Louis Blanc, déposant leurs voyageurs dans la station supérieure, et allant ensuite, à vide, chercher d'autres voyageurs à la station inférieure et repartir dans la direction opposée.

Depuis 2004, cet ingénieux système, qui permettait certes aux voyageurs d'attendre sagement leur rame en restant sur le quai mais nécessitait un conducteur supplémentaire, a été supprimé, productivité oblige. Aujourd'hui, les voyageurs passant de la ligne 7 à la ligne 7 bis, et inversement, doivent parcourir les couloirs et les escaliers pour gagner la station supérieure, où, cette fois, ce sont les rames MF 88, ayant déchargé leurs voyageurs sur le quai central, qui les attendent.

Construction du souterrain de la ligne 1 à Étoile (8 septembre 1899).

3

L'air pur du grand Sud

Départ et retour : Étoile
Durée : 3h environ

Le "grand Sud", c'est celui de Paris vu depuis le merveilleux trajet aérien de la ligne 6. L'air pur est, quant à lui, (presque) garanti par l'altitude de la ligne. La promenade vaut la peine, car, pour le prix d'un ticket, on a droit à un parcours du plus grand intérêt touristique.

Les mouvances historiques de la ligne 6

La station Étoile naît avec la ligne 1, au début du XXe siècle. Elle est importante, car elle devient rapidement une station de correspondance avec la ligne 2 (Nation - Porte Dauphine), dont la partie Étoile - Porte Dauphine devait initialement être le terminus de la ligne 1, puis un embranchement de cette même ligne. L'embranchement Étoile - Trocadéro, mis en service dès 1900, est l'amorce de la ligne 6 actuelle qui, à l'époque, est plutôt prévue comme une "circulaire sud" ou "2 sud", faisant le tour de Paris par le sud en complétant la ligne 2 actuelle. Mais, dans les faits, cette ligne "2 sud" deviendra la ligne 5 et remontera jusqu'à la gare du Nord ; elle changera en 1942 pour donner naissance à la ligne 6 qui nous intéresse aujourd'hui.

La ligne 6 d'origine était une courte ligne, excentrée dans le 13e arrondissement, devant aller de la place d'Italie à celle de la Nation. Elle est ouverte en 1909. À l'occasion de l'Exposition coloniale de 1931, cette ligne est surchargée de voyageurs gagnant par Daumesnil le sud et l'ouest de Paris, ce qui lui vaut d'être prolongée jusqu'à Étoile en utilisant l'itinéraire de la 5 de l'époque. La ligne 5, quant à elle, reliant jusque-là la gare du Nord à l'Étoile (par Nation), est limitée au parcours Gare du Nord - Italie pour un temps.

Toutefois, à la clôture de l'Exposition coloniale, les lignes 5 et 6 reprennent leur itinéraire d'origine. Ce n'est qu'en 1942 que la disposition de 1931 est reconduite, donnant les lignes 5 et 6 actuelles.

Plan de situation des lignes sous la place de l'Étoile.

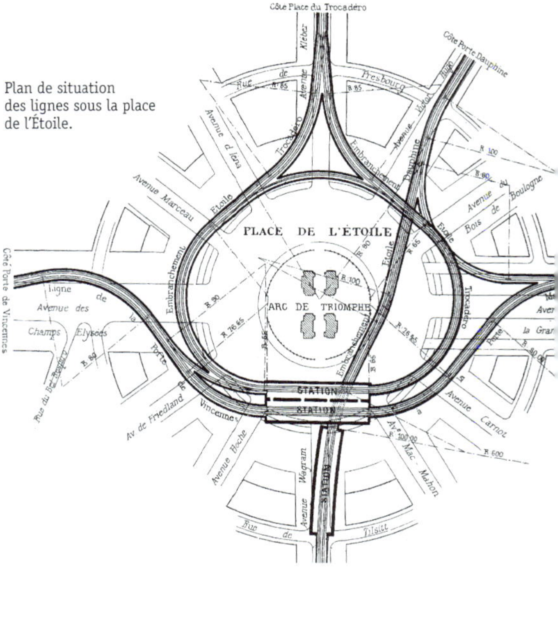

Étoile : un faux départ

Nous prenons la direction Nation par Denfert-Rochereau (et non pas par Barbès, pour les étourdis !) à bord d'une rame MP 73 sur pneus, au départ apparent de la ligne à Étoile. On notera que la rame arrive sur une voie unique entre deux quais, l'un servant à la descente des voyageurs et l'autre à la montée ; cette manœuvre implique, pour le conducteur de la rame, le verrouillage des portes d'un côté pour empêcher la montée intempestive des uns, puis de l'autre côté, pour empêcher la descente en ligne.

La ligne 6 au débouché de Passy.

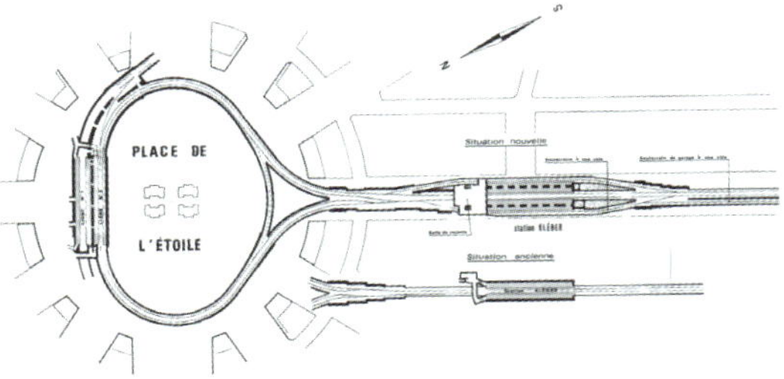

Kléber, le terminus véritable de la ligne 6.

Nous disons bien un "départ apparent" à Étoile, car la rame marque ensuite une pause à Kléber : cette station est, en fait, le véritable terminus de la ligne, la boucle d'Étoile n'étant qu'une simple partie du parcours pour les rames venant de Nation. Lors de la modernisation de la ligne, au milieu des années 1960, il a été possible de porter la station à quatre voies ; ses proportions plus larges expliquent sa promotion d'une manière évidente.

Nous apercevons, sur notre droite, une voie de garage en impasse, puis d'autres, prises dans le site de la boucle Étoile. Après Boissière et Trocadéro, on note, à gauche avant d'entrer en station et à droite en la quittant, les voies de raccordement à la ligne 9. Nous atteignons ensuite Passy, une très jolie station partiellement en souterrain et à l'air libre.

Le pont de Bir-Hakeim

En sortant de Passy, la rame s'engage sur le pont de Bir-Hakeim, le chef-d'œuvre de Daydé et Pillé. Cet ouvrage, long de 230 m, est formé d'un viaduc métallique assez large pour permettre une circulation routière à double sens ; on peut facilement le constater en se postant sur la droite de la rame. La circulation se fait sur deux chaussées situées de part et d'autre de la ligne de métro qui est posée sur un second viaduc étroit, à piliers en fonte. Ces colonnes de fonte, hautes de 6,90 m, sont signées Eugène Gruyer, un décorateur du début du siècle connu pour son œuvre Art nouveau. Certains ornements ont été supprimés lors de la modernisation de l'ouvrage en 1932 pour l'adapter au poids des nouvelles rames. Ce pont offre l'une des plus belles vues qui soit sur Paris depuis une rame de métro. Son nom est celui d'un fort de Libye, proche de Tobrouk, où les troupes françaises libres résistèrent aux armées allemandes et italiennes et permirent la victoire alliée d'El Alamein.

Une des stations caractéristiques de la ligne 6 : Dupleix.

Cambronne n'a dit qu'un mot

Nous longeons ensuite de belles avenues de Paris, les boulevards de Grenelle, Garibaldi et Pasteur. Nous contemplons au passage les façades et profitons des perspectives ouvertes par les avenues transversales pour apercevoir, au loin, les coupoles de l'École militaire ou des Invalides.

Après Dupleix, La Motte-Picquet-Grenelle, voici Cambronne – dont le célèbre mot aux Anglais vaut bien une station de métro – et sa jolie place que l'on peut voir depuis la gauche de la rame. Toujours sur notre viaduc, nous passons à Sèvres-Lecourbe, puis la rame tourne sur la droite, le temps d'une belle vue sur l'avenue de Breteuil et les Invalides, avant d'entamer un parcours souterrain ; ne nous plaignons pas, nous venons de parcourir un viaduc long de 2 670 m ! Nous sommes à Pasteur et restons en souterrain jusqu'à Saint-Jacques, passant les stations importantes de Montparnasse-Bienvenüe et de Denfert-Rochereau, entre autres. Entre Saint-Jacques (jolie station avec ses murs de soutènement en pierre taillée et ses habillages modernes très réussis) et Corvisart, le parcours aérien suit les boulevards Saint-Jacques et Auguste-Blanqui, et franchit la vallée de la Bièvre, ancien affluent de la Seine. Au second plan, sur la gauche, on voit l'Observatoire, la prison de la Santé, l'hôpital Cochin. À Corvisart, la ligne retrouve un parcours souterrain pour passer sous la butte de la place d'Italie (on aperçoit, à gauche, le raccordement à la ligne 5, puis, à droite, à la ligne 7). Elle redevient tout de suite aérienne, amorçant une longue pente de 33 mm par mètre la menant jusqu'aux bords de la Seine en passant par les stations Nationale, Chevaleret et Quai de la Gare, posées sur le boulevard Vincent-Auriol. Avant la station Quai de la Gare apparaissent, sur la droite, les tours de la Bibliothèque François-Mitterrand tandis que l'on bénéficie, sur la gauche, d'un intéressant aperçu sur la gare d'Austerlitz et ses voies.

La ligne 6 à Bercy.

Le viaduc de Bercy

Construit en 1864 par les ingénieurs du Service de la navigation Féline-Romaney et Vaudray pour remplacer un vieux pont suspendu, ce pont de maçonnerie, long de 171 m, est élargi pour permettre la construction, sur sa chaussée, d'un second pont soutenant la ligne de métro. L'adaptation est terminée en 1906, mais le pont devra attendre trois ans pour voir passer sa première rame. À l'époque, la ligne passe sur le côté du pont ; depuis 1990, à la suite d'un nouvel élargissement, la ligne se trouve au centre du tablier.

Nous voilà rive droite. En quittant le pont, notre rame longe sur la gauche le ministère des Finances. Si la contemplation de cet impressionnant immeuble est trop douloureuse, on se contentera d'un point de vue très culturel sur le Palais omnisport de Bercy et ses fameuses pelouses inclinées à 45°.

La ligne plonge de nouveau sous le sol pour passer sous les voies de la gare de Lyon, franchissant les stations Bercy, Dugommier, Daumesnil, avant de ressortir de terre à la station Bel-Air, au-dessus de la voie de l'ancienne ligne de chemin de fer de la Bastille (devenue "coulée verte"...), puis elle redevient souterraine jusqu'à son terminus. À Nation, nous changeons pour la ligne 1, direction La Défense. En chemin, nous observons à Gare de Lyon le raccordement menant à la ligne 5, la fameuse "voie des finances" (voir p. 117). Il nous reste un très beau site aérien à visiter dans les environs qui complétera notre parcours en hauteur.

La Bastille, un site révolutionnaire

À Bastille, nous quittons la rame sur pneus de la ligne 1 pour admirer le site. Il s'agit d'une station en courbe et contre-courbe à très faible rayon, imposant aux rames un mouvement de torsion très marqué, augmenté d'un parcours difficile sur un véritable dos d'âne : bref, des évolutions révolutionnaires pour des rames de métro.

Depuis la Gare de Lyon, la ligne passe sous le collecteur d'égouts Ledru-Rollin, puis remonte immédiatement pour franchir à l'air libre le canal Saint-Martin, au niveau de sa sortie du bassin de l'Arsenal, juste avant de rejoindre la station Bastille. Puis elle amorce de nouveau une descente pour se glisser sous la chaussée de la rue Saint-Antoine mais, cette rue n'étant pas en alignement avec la sortie de la station, il faut négocier deux courbes à très faible rayon (38 et 50 m), tout en descendant sous le sol. Depuis l'extrémité du quai, direction La Défense, on a une très belle vue sur ces deux courbes et le mouvement acrobatique des rames.

Les contorsions de Bastille.

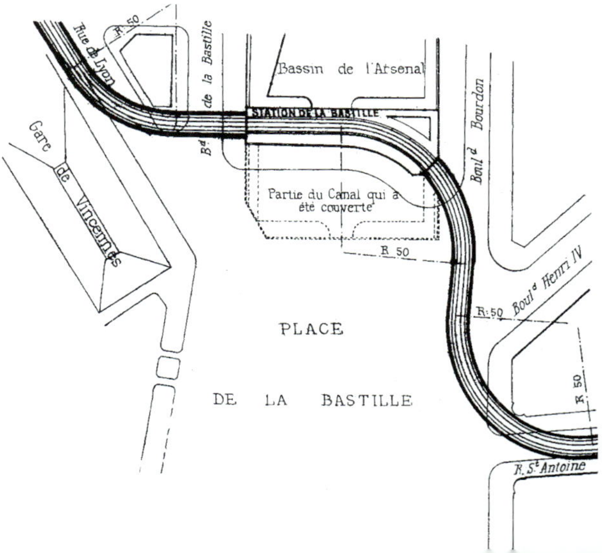

Austerlitz : un exploit pour les MF 67

Nous prenons la ligne 5, direction Place d'Italie. Nous franchissons la station Arsenal (fermée au public), avant d'entamer un parcours aérien. Ici, il faut être vigilant, car le parcours est mouvementé et spectaculaire. Dès la sortie du tunnel, on franchit le canal Saint-Martin au lieu même où il se raccorde à la Seine, près du pont Morland. La rame s'arrête ensuite dans la station Quai de la Rapée. Puis elle redémarre pour plonger sous la place Mazas, où débouche l'autre extrémité de la "voie des finances" présentée plus haut, et sous l'amorce du pont d'Austerlitz. Elle remonte ensuite, le long de la Seine, débouchant dans le square Albert-Tournaire, contournant l'Institut médico-légal par une forte courbe à droite et en rampe.

La ligne passe sur un viaduc en courbe de 75 m de rayon et en rampe de 40 mm par mètre, soit une très forte rampe que bien des lignes de montagnes des Alpes n'atteignent pas. Ce viaduc a pour particularité d'être hélicoïdal... Bonjour les calculs ! Construit par Daydé et Pillé en 1903, il rompt avec la tradition du viaduc polygonal muni de travées droites formant un angle pour épouser la courbe des voies. Il comprend deux travées, l'une de 40,35 m, l'autre de 34,05 m. Son parcours est le plus difficile du réseau du métro parisien. Jadis, les rames Sprague vibraient de toutes leurs tôles en affrontant la rampe ; aujourd'hui, les MF 67 se rient de la difficulté.

Mais ce n'est pas fini. La rame passe sur le viaduc d'Austerlitz, l'un des plus beaux de la capitale. Chef-d'œuvre de la Société de construction de Levallois-Perret, il fut construit entre 1903 et 1904 avec des piliers provisoires en bois formant un échafaudage directement implanté dans la Seine. C'est l'ouvrage ayant la plus grande ouverture à Paris. Il comporte une seule travée de 140 m, sans piliers, pour ne pas gêner la navigation sur la Seine. Le tablier, large de 8,50 m, est suspendu aux arcs métalliques par des tirants : la rame passe à 11 m au-dessus du niveau moyen des eaux. Les fondations des culées descendent à 10 m en dessous du niveau des eaux, et les massifs de maçonnerie mesurent 22 m sur 18 au niveau du sol. Les piliers ont été habillés par Camille Formigé, à qui l'on doit également la décoration des bâtiments de l'Exposition universelle de 1889.

Seul viaduc exclusivement réservé au métro, Austerlitz est l'ouvrage ayant la plus grand ouverture à Paris.

La rame poursuit son itinéraire qui la mène directement contre la façade de la Gare d'Austerlitz, à l'intérieur de laquelle elle semble pénétrer en passant par une fenêtre ! Nous traversons la verrière de la gare et nous restons dans la rame pour un beau parcours aérien jusqu'à la station Saint-Marcel. Une fois arrivés à Place d'Italie, nous revenons à Étoile par la ligne 6, direction Étoile.

Pont de Bercy, ligne 6 : vue de la loge de conduite.

4

Les dix traversées de la Seine

Départ : La Motte-Picquet-Grenelle
Arrivée : Bibliothèque François-Mitterrand
Durée : 2h environ

La montée impressionnante de Mirabeau

Nous prenons une rame de la ligne 10 se dirigeant vers Boulogne - Pont de Saint-Cloud. Cette petite ligne a d'abord été la ligne 8 lorsqu'elle fut projetée en 1903 sous la forme d'une liaison Opéra-Auteuil par Grenelle. La ligne devait se terminer le long des voies de la station d'Auteuil (Ceinture) sous la forme d'un terminus en simple rebroussement. Le principe d'une desserte en boucle du quartier d'Auteuil fut retenu lors d'un remaniement du projet. La ligne fut ouverte en 1913 ; elle conserva son numéro et son itinéraire jusqu'en 1937.

Nous traversons les stations Avenue Émile Zola (jadis Commerce), Charles Michels, puis Javel. Nous entamons alors notre première traversée sous la Seine, longue de 487 m. Les travaux durèrent de 1907 à 1913, gênés par la fameuse inondation de 1910. Les ingénieurs utilisèrent dix caissons de section ovale, dont cinq placés dans le lit du fleuve par fonçage (deux sur chaque rive, un au centre, deux autres intermédiaires) et cinq autres formant le tunnel d'accès de la rive gauche en pente de 40 mm par mètre et en courbe de 100 m de rayon.

Lors du départ de la station Javel, soyons attentifs et plaçons-nous à gauche de la rame : cette dernière prend son élan pour plonger à toute vitesse sous la Seine en s'inscrivant dans une courbe de 100 m de rayon à gauche, puis à droite en forte pente ; elle parcourt ensuite les 441 m de traversée, remonte en direction de la rive droite, tourne à gauche (selon une courbe de même rayon) et débouche dans la station Mirabeau… en continuant son chemin à toute allure.

Ne nous inquiétons pas, tout est normal. Nous dominons du regard le quai de sens inverse de la station tandis que la rame semble monter au plafond, prête à se fracasser contre la voûte carrelée. Heureusement, il n'en est rien. Depuis 1912, les rames passent ainsi dans la station, montant une rampe de 40 mm par mètre pour s'engouffrer de biais dans un tunnel creusé tout près de la voûte. Entre son entrée dans la station et sa sortie, la rame vient de parcourir 91,54 m et de monter de 3 m.

Coupe de l'étrange station Mirabeau, 1907.

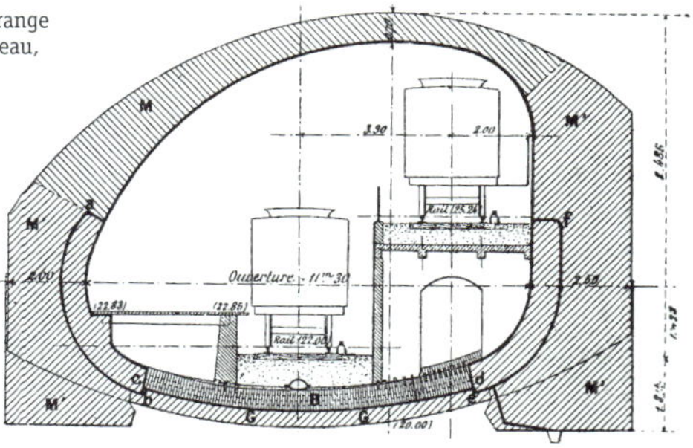

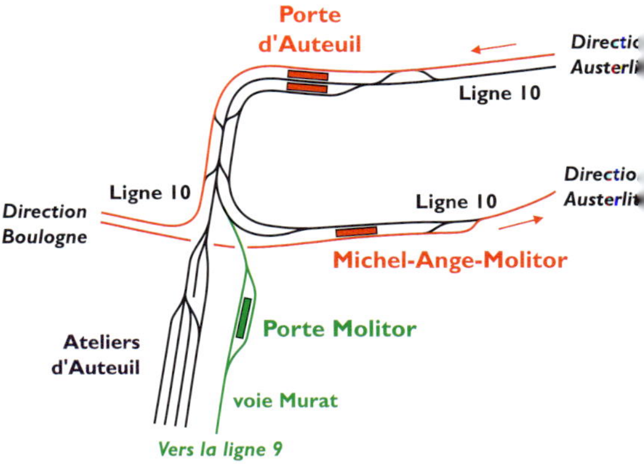

La raison de cette acrobatie est que la boucle d'Auteuil, qui termine la ligne 10 (ex-ligne 8, Opéra - Porte d'Auteuil), est établie à un niveau supérieur par rapport à la Seine et que les voies doivent remonter sur la rive une fois le fleuve franchi. Mais il fallait placer la station Mirabeau aussi près que possible du niveau du sol et veiller, par ailleurs, à ce que la voie montant en direction de l'église d'Auteuil soit elle-même près du sol qui, sablonneux, n'offrait pas les conditions géologiques nécessaires à son enfouissement en profondeur. C'est pourquoi les ingénieurs ont été obligés d'amorcer la rampe à l'entrée de la station afin de gagner dès que possible un maximum de hauteur pour suivre la déclivité du terrain. Dans le cas d'un quai en forte pente

sur cette voie, le stationnement des rames aurait été problématique (les quais sont toujours en palier pour éviter des dérives de rames) et leur démarrage, arrêtés sur une rampe de 40 mm par mètre, difficile compte tenu de la faible puissance des Sprague à l'époque.

En conséquence, si l'on veut descendre à Mirabeau en venant du centre de Paris, il faut soit faire le tour complet de la boucle d'Auteuil, soit descendre à Église d'Auteuil et accepter de faire une petite marche à pied en descente, peu éprouvante. Mais, nous qui voyageons pour notre plaisir, nous restons dans la rame. Nous ne pourrons, malheureusement, pas voir la mystérieuse station Porte Molitor, qui fut construite pour desservir le Parc des Princes, mais jamais mise en service. Notre rame poursuit sa course jusqu'à Boulogne-Pont de Saint-Cloud. Nous remarquons, en sortie de la station Porte d'Auteuil, l'ancienne boucle et ses voies de garage sur la gauche. Entre Boulogne-Jean Jaurès et Michel Ange-Molitor, nous accomplissons, au retour, l'un des plus longs parcours entre stations sur le réseau parisien.

Nous prenons une rame de la ligne 9 en direction de Mairie de Montreuil dans l'une ou l'autre des deux stations Michel-Ange ; à Trocadéro, nous changeons pour la ligne 6 en direction de Nation par Denfert-Rochereau.

La station Porte Molitor, construite à l'origine pour desservir le Parc des Princes.

À gauche, travaux de construction pour la traversée sous-fluviale au pont Mirabeau, ligne 8.

Rampe de la station Mirabeau : la rame est sur la rampe qui permet de racheter le niveau entre la Seine et le plateau d'Auteuil (voir page 109).

Bir-Hakeim, 230 m de traversée

En sortant de Passy, la rame de la ligne 6 s'engage sur le pont de Bir-Hakeim (voir p. 105) qui nous permet d'effectuer notre deuxième trajet au-dessus de la Seine. Notre parcours sur la ligne aérienne se poursuit jusqu'à La Motte-Picquet-Grenelle, où nous prenons la ligne 8 en direction de Créteil-Préfecture afin d'entamer une nouvelle traversée.

D'Invalides à Concorde

La station souterraine de La Motte-Picquet-Grenelle présente une particularité : le tunnel de la ligne 8 vient se juxtaposer à celui de la ligne 10. Les deux lignes superposées sous la chaussée de la rue du Commerce avant d'atteindre la station lui imposent une disposition spéciale. Les voies direction Austerlitz et Créteil des deux lignes desservent une station commune à quai central, tandis que les voies en sens inverse se trouvent superposées dans une autre station contiguë, le plafond de l'une soutenant le quai de l'autre. Les deux voies de la ligne 8 affrontent ensuite des rampes très fortes pour se retrouver ensemble sous l'avenue de La Motte-Picquet.

Nous franchissons la mystérieuse station fermée Champ de Mars, puis École Militaire et La Tour Maubourg. La ligne se glisse sous la place des Invalides, moyennant un parcours sinueux et accidenté selon une pente de 40 mm par mètre, pour passer sous la ligne 13 et atteindre sa station, située sous la rue de Constantine. Après son passage sous la ligne C du RER, la ligne plonge de nouveau en rampe de 40 mm pour passer sous la Seine.

L'interstation Invalides-Concorde est longue de 952 m. En quittant Invalides, on peut voir sur la droite, en regardant rapidement en arrière, le tunnel à voie unique au fond duquel stationne à quai une motrice Sprague utilisée lors des réceptions de la RATP. La ligne traverse le fleuve en biais, dans un ouvrage de 609 m à deux voies ayant une forme circulaire et un diamètre de 7,24 m. L'ouvrage est en courbe (rayon 250 m) et à double pente : nous remonterons en direction de la rive droite avec une rampe

La traversée sous-fluviale entre Invalides et Concorde.

de 35 mm par mètre. Les travaux de percement ont duré de 1908 au début de 1911, mais les stations Invalides et Concorde ne furent respectivement ouvertes qu'en 1913 et 1914.

À Concorde, nous quittons la ligne 8 pour la ligne 1 en direction de La Défense, puis, à Champs-Élysées - Clemenceau, nous prenons la ligne 13 en direction de Châtillon-Montrouge.

Des Champs-Élysées à Invalides

Cette traversée, reliant les lignes 13 et (ancienne) 14, les Parisiens en ont bel et bien rêvé durant des décennies : longtemps, ils n'eurent droit qu'à deux morceaux de ligne attendant en vain de se rejoindre. Que de temps gagné depuis le 9 novembre 1976, quand fut réalisée la fusion effective des deux lignes formant désormais une grande dorsale nord-sud sous Paris, la ligne 13.

Ouverte en 1911, la ligne B du Nord-Sud, future ligne 13, partait de Saint-Lazare en direction du nord de Paris pour se séparer en deux branches, l'une en direction de la porte de Saint-Ouen, l'autre de Clichy. Une courte ligne en somme : les rames du Nord-Sud qui revenaient buter contre le terminus de Saint-Lazare devaient ressentir des démangeaisons dans les roues et les moteurs, avec une furieuse envie de continuer en direction du centre de Paris…

De l'autre côté de la Seine, une autre petite ligne se morfondait entre Invalides et Duroc, formant alors un tronçon qui fera d'abord partie de la ligne 10, Invalides - Croix-Rouge. Plus loin encore se trouvait une troisième petite ligne reliant la station Bienvenüe à Porte de Vanves, prévue pour être la ligne C du Nord-Sud. La fusion de 1930, intégrant le Nord-Sud à la CMP, éclipsa la perspective d'un raccordement entre les lignes A et C du désormais défunt Nord-Sud. Il fut d'abord question de prolonger la ligne Porte de Vanves - Bienvenüe jusqu'à Duroc pour créer une ligne Porte de Vanves - Invalides en récupérant le tronçon Duroc - Invalides. Ce fut chose faite en 1937 : la ligne 14 était née. La ligne 10 compensa son amputation en se raccordant au tronçon La Motte-Picquet - Auteuil pour former une nouvelle 10, chassant alors la ligne 8 en direction de Balard.

Voie de garage et poste de visite à Invalides, ligne 13.

À quand la traversée de la Seine et le raccordement avec la 13 ? Le débat dura trois décennies. La décision fut prise durant les années 1970, histoire d'économiser la construction d'un nouveau RER nord-sud qui aurait doublé le RER A à l'ouest. On décida même de prolonger la future ligne 13 en direction des banlieues nord (Saint-Denis) et sud (Châtillon) pour en faire une ligne d'intérêt régional, presque un RER. Le matériel MF 77 est conçu pour faire face à cette longue course, offrant la vitesse de pointe et le confort nécessaires.

Nous quittons Champs-Élysées - Clemenceau en direction de Châtillon. Nous plongeons sous le fleuve en suivant une pente de 31,36 mm par mètre, puis nous affrontons une rampe de 40 mm par mètre pour gagner la rive gauche et retrouver la station Invalides.

La boucle de l'ancien terminus de la ligne 14 a été convertie en un grand système de voies de garage placé au centre de la ligne 13, cas unique pour le réseau parisien qui gare toujours ses rames aux extrémités des lignes. La troisième voie de la station Invalides de la ligne 13 fait d'ailleurs partie de cet ensemble de voies de garage et témoigne encore de l'existence de l'ancienne ligne. Nous restons dans la rame jusqu'à Duroc.

De l'Assemblée nationale à la Concorde

La station Duroc fut au cœur du grand remaniement des anciennes lignes 8 et 10, et du problème de la création de l'ancienne ligne 14. Nous changeons pour la ligne 10, direction Austerlitz, en admirant au passage la superbe fresque peinte évoquant les jardins de Duroc abondamment fleuris. En quittant Duroc, on aperçoit justement l'ancien tracé deferré de la ligne 10, Invalides - Croix-Rouge. Nous allons jusqu'à Sèvres-Babylone pour prendre la ligne 12, direction Porte de la Chapelle.

La décoration, plaisante, de la station Sèvres-Babylone sur la ligne 10 est sans comparaison avec celle de la ligne 12. Comme les autres stations de cette ex-ligne A du Nord-Sud, elle se distingue par ses céramiques luxueuses et ses piédroits ; les encadrements des stations du métropolitain sont de couleur beige pour les stations ordinaires, verte pour les stations de correspondance – du moins selon ce qui fut prévu à l'origine (à l'exception de Madeleine, décorée de bleu).

Nous montons dans une rame MF 67 et roulons en direction du

Voies en tunnel entre Rue du Bac et Solférino.

nord, passant les stations Rue du Bac, Solférino et Assemblée Nationale (ex-Chambre des Députés), où nous descendons pour quelques instants.

Prenons le temps d'admirer la décoration de la station Assemblée Nationale, signée Jean-Charles Blais, dont les affiches, à l'effigie des députés, changent à chaque session parlementaire. Sur le quai, postons-nous à une dizaine de m de l'entrée de la station (direction Porte de la Chapelle), exactement à l'endroit où notre regard plonge en droite ligne dans le tunnel à voie unique de l'autre direction : nous pouvons assister au beau spectacle, comme si nous étions dans le tunnel, d'une rame roulant à vive allure en direction de Mairie d'Issy, fonçant dans le tunnel et remontant en direction de la station qu'elle gagne par une élégante courbe.

Assemblée Nationale et ses fresques changeantes.

Prenons une rame, toujours en direction de Porte de la Chapelle, et engageons-nous dans l'un des tunnels à voie unique passant sous la Seine. Le Nord-Sud, qui a connu de grandes difficultés pour construire sa ligne A, n'a pas été épargné par la traversée sous la Seine. Les deux voies en courbe à pente de 40 mm par mètre sont séparées – chacune dans son propre tunnel –, ce qui, du temps des anciennes Sprague, produisait un concert assourdissant, surtout à la remontée avant la sortie du tunnel. Les tunnels d'un diamètre de 5 m ont été réalisés avec des voussoirs en fonte sur les 671 m séparant les stations Assemblée Nationale et Concorde. Les deux tunnels ne sont pas établis parallèlement, mais à des distances variant de 5,80 à 18,60 m d'axe à axe. Ils ont été mis en place à grand peine entre 1907 et 1910, et cette traversée sous la Seine fut ouverte au public le 5 novembre 1910.

L'île de la Cité

Nous descendons à Concorde et changeons pour prendre la ligne 1 en direction de Château de Vincennes. En passant à la station Tuileries, réaménagée sur le thème du métro à l'occasion de son centenaire, nous remarquons l'éclairage mettant en valeur la couverture métallique formant un plafond très coloré. À la station Louvre, nous pouvons descendre quelques minutes pour admirer la décoration, réalisée en 1968 à l'initiative d'André Malraux qui voulait en faire une sorte d'antichambre du musée. L'architecte Robert Vinter dirigea les travaux, choisit la pierre de Bourgogne comme revêtement et agrémenta les quais de vitrines et de niches présentant des copies de certains objets exposés dans le musée. Ceux qui ont le coup d'œil technique noteront que Louvre fait partie des stations prolongées avec une voûte plus petite permettant d'accueillir des rames de six voitures sur pneus.

Nous poursuivons notre route et changeons à Châtelet pour prendre la ligne 4 en direction de Porte d'Orléans. Nous allons, ici, affronter une traversée double puisque la ligne passe par l'île de la Cité qui sépare la Seine en deux bras.

Caissons d'extrémité de la station Cité, recevant les escaliers et les ascenseurs.

Nous prenons une rame sur pneus MP 59 rénovée et nous gagnons Saint-Michel, où nous descendons pour observer les lieux.

En rejoignant l'une des extrémités de la station, nous remarquons sa construction métallique, masquée sur les quais par un revêtement de céramique. Saint-Michel, tout comme Cité, est constituée de trois caissons en acier, mesurant 12,5 m de haut et 16,5 m de large : deux d'entre eux, de forme elliptique, reçoivent à chaque extrémité les escaliers et les ascenseurs, le troisième, de forme allongée, abrite les quais. Chaque station est longue de 118 m. Signalons qu'à l'origine des accès directs depuis la station Cité à la Préfecture de police et au Palais de justice étaient ouverts au public.

Pourquoi des stations métalliques ? À l'époque de la construction du métro, la Ville de Paris ne disposait pas encore d'une grande expérience en matière de travaux sous un fleuve : comme c'est souvent le cas dans ce genre de circonstance, elle jugea prudent de lancer un concours.

Le projet de Chagnaud fut examiné avec bienveillance, car cet entrepreneur avait déjà réalisé le grand collecteur de Clichy et, pour le métro, le fameux ouvrage commun de croisement à trois niveaux différents des trois lignes de la station Opéra.

La technique proposée est celle de caissons en acier foncés verticalement dans le lit du fleuve, placés rigoureusement les uns à la suite des autres pour former un tunnel, maintenus sous le poids du béton accumulé entre les parois intérieures et extérieures du caisson. Il fallut immerger cinq caissons pour la traversée du fleuve : trois de 122,1 m en courbe sous le grand bras de la Seine et deux de 41,1 m rectilignes pour le petit bras. Les caissons furent assemblés sur le quai des Tuileries et amenés par flottaison sur place.

Construction d'un des caissons de la station Saint-Michel.

Du côté de la rive gauche, la ligne croise suivant un angle de 40° la ligne du chemin de fer d'Orléans (ligne C du RER actuel) et doit passer à 10,10 m en dessous du plan des rails de cette ligne, elle-même déjà située à 50 cm sous le niveau moyen des eaux de la Seine. Cette situation empêcha l'emploi des caissons pour le tronçon de 60 m constituant le croisement avec la ligne. La nature boueuse et gorgée

Congélation du sol lors de la construction de la ligne 4.

d'eau du terrain obligea l'entrepreneur à congeler le sol pour le durcir ! C'est ainsi que vingt-quatre tubes, parcourus par une solution de saumure à - 4 °C, furent enfoncés dans le sol, disposés sous la forme d'une ellipse reproduisant le futur tunnel du métro. Il fallut quarante jours pour geler le sol et le rendre assez dur pour y creuser le tunnel de 60 m raccordant les caissons situés de part et d'autre, sous la Seine et sous la place Saint-Michel. Ces travaux furent exécutés sans interruption de la circulation des 220 trains quotidiens de la ligne de la compagnie d'Orléans.

Le chantier dura de 1905 à 1909. Les ouvriers travaillaient sous les eaux dans de l'air comprimé, souffrant de la surpression et n'étaient reliés à la surface que par un appareil d'invention récente, le téléphone. Cette partie de la ligne 4 fut inaugurée au début de l'année 1910 : ce fut la première traversée sous la Seine ouverte au public.

LES ACADÉMICIENS EN TREMBLENT ENCORE

La Compagnie du métro avait prévu que la ligne 4 suive un tracé direct entre les portes de Clignancourt et d'Orléans. Prenez une règle et posez-la sur une carte de Paris : immanquablement, la ligne passe juste sous l'Académie française. Horreur ! Les immortels, redoutant d'être dérangés dans leur méditation ou que les tremblements du sol ne réduisent en poussière le contenu des bibliothèques, obtinrent au terme d'une lutte homérique que la traversée de la Seine se fasse par l'île de la Cité et la place Saint-Michel, condamnant la ligne 4 à un long détour en arc de cercle entre les Halles et Saint-Germain des Prés, fût-ce au prix de deux traversées au lieu d'une et d'une plus grande longueur de tunnels à creuser. La tranquillité n'a pas de prix[1].

1. Cette histoire laisse perplexes les personnes de la RATP qui connaissent bien l'histoire technique du métro, car il n'était pas possible, à l'époque, de passer sous des immeubles : les lignes suivaient les rues. Les académiciens n'avaient donc rien à craindre.

De Jussieu à Sully-Morland

Nous reprenons notre voyage, toujours en direction de Porte d'Orléans, et changeons à Odéon pour prendre la 10 en direction d'Austerlitz. Nous franchissons la station Cluny-La Sorbonne (longtemps fermée, puis réouverte en 1988 grâce au RER B et redécorée) et constatons qu'elle est à trois voies, la voie centrale étant un raccordement avec la ligne 4. Nous atteignons ensuite la station Maubert-Mutualité avec son raccordement pour la ligne 7 en sortie de station sur notre gauche – correspondant à l'ancien tracé Invalides - Place d'Italie (d'où sa construction à double voie) –, puis Cardinal Lemoine et enfin Jussieu. Nous descendons pour prendre la ligne 7, direction La Courneuve.

Née sur la rive droite, cette longue ligne 7 ne devait pas, en principe, traverser la Seine pour passer sur la rive gauche. À vrai dire, elle eut bien des hésitations avant de savoir où elle allait. Le projet initial consistait en une descente des hauteurs rurales des Buttes-Chaumont en direction du "centre-ville", soit une ligne Place du Danube-Palais-Royal. En 1905, le projet évolua avec des terminus reportés à l'Hôtel de Ville et à la place des Fêtes puis au Pré-Saint-Gervais, avec à la clé une branche en direction de Porte de la Villette. En 1907, sur le papier toujours, la ligne atteint la Bastille. La ligne longeait donc la Seine, hésitant à la franchir.

En 1910, la ligne fut ouverte entre Porte de la Villette et Opéra, tandis que la section Louis Blanc - Pré-Saint-Gervais fut mise en service seulement en 1911 du fait des grandes difficultés de construction sous les Buttes-Chaumont. La ligne rejoignit le Palais-Royal en 1916, en

Visite de la commission de contrôle des travaux de la Ville de Paris lors du prolongement de la ligne 7.

pleine guerre, puis marqua le pas. Le projet d'une traversée sous la Seine fut enfin adopté en 1923. Les travaux de la partie rive gauche de la ligne, entre la place d'Italie et Monge, permirent en 1930 l'exploitation de ce tronçon par la ligne 10, avec prolongement provisoire du mouvement des rames jusqu'à Invalides. Ce fut seulement en 1931 que la traversée sous la Seine s'ouvrit au service public.

Nous prenons une confortable rame MF 77 qui démarre avec aisance pour plonger sous la Seine par une pente de 40 mm par mètre, passant sous la faculté des sciences de Jussieu, s'inscrivant dans une courbe sur sa gauche pour remonter, par une rampe de 40 mm par mètre, en direction de la station Sully-Morland, sur la rive droite. Les travaux de percement bénéficièrent de l'expérience acquise en la matière et ne posèrent aucune difficulté particulière : dans les années 1930, les techniques de génie civil et de maîtrise du béton étaient au point.

Nous restons dans notre rame jusqu'à Châtelet où nous pouvons voir en queue de train la section d'anciens cagnards (voir p. 70). Nous prenons la ligne 1, direction Château de Vincennes jusqu'à Bastille. Sur les quais, nous admirons les superbes fresques de Liliane Belembert et d'Odile Jacquot représentant des scènes de la Révolution française. Nous nous dirigeons vers la ligne 5, direction Place d'Italie : nous voici à pied d'œuvre pour notre huitième traversée, aérienne cette fois.

Austerlitz

Cette ligne 5 est la réunion de deux tronçons distincts : d'une part, une ligne devant relier le boulevard de Strasbourg au quai de la Rapée (ligne dont le terminus est ensuite reporté à la gare de Nord) et, d'autre part, un tronçon de la ligne "2 sud" ou "circulaire sud" Place d'Italie - Quai de la Rapée. La ligne fut mise en service en 1906 entre la place d'Italie et le quai de la Rapée : ensuite, les rames rebroussaient pour desservir la gare de Lyon par un raccordement. À la fin de 1906, cette tranche de la ligne fut supprimée, car Bastille était désormais atteinte, offrant une correspondance avec la ligne 1. Cette voie subsiste toujours sous forme de raccordement ; elle verra passer jusqu'en 1967 les "rames à finances" transportant le produit des caisses des stations. En 1907, ce fut au tour

de la Gare du Nord, réalisée avec un terminus en boucle (qui existe toujours à titre de voie de service) ; enfin, la fusion avec la circulaire sud fit naître une longue ligne 5 reliant Étoile à Gare du Nord par Denfert-Rochereau. La ligne fut prolongée jusqu'à Porte de Pantin en octobre 1942 mais perdit son tronçon Étoile - Nation, devenu désormais une partie de la ligne 6 actuelle.

Partant de Bastille sur la ligne 5 à bord d'une rame MF 67, nous franchissons la station Arsenal (fermée au public). Le parcours devient spectaculaire : dès la sortie du tunnel, la ligne franchit le canal Saint-Martin sur un ouvrage d'une ouverture de 38,5 m et s'arrête ensuite à la station Quai de la Rapée. Elle redémarre pour plonger sous la place Mazas qui forme le carrefour d'entrée du pont d'Austerlitz routier et où se raccorde à droite l'autre extrémité de la "voie des finances". La ligne semble vouloir longer la Seine, franchir le petit square Albert Tournaire. Mais elle se décide subitement à traverser le fleuve et contourne l'Institut médico-légal en s'inscrivant dans une forte courbe à droite et en rampe du viaduc hélicoïdal de Daydé et Pillé. La rame MF 67 passe ensuite sur l'imposant viaduc d'Austerlitz proprement dit – celui du métro qui, depuis fin 1999, bénéficie d'une belle mise en lumière (voir aussi p. 108).

Viaduc d'Austerlitz, détail de jour, et illuminations nocturnes.

La rame poursuit son itinéraire qui la mène directement à la gare d'Austerlitz. Nous traversons la verrière de la gare et continuons notre trajet jusqu'à la place d'Italie, où nous abandonnons la ligne 5 à son terminus, dont elle n'utilise pas la boucle.

Sous les fenêtres du ministère de l'Économie et des Finances

Place d'Italie, nous montons dans une rame sur pneus de la ligne 6, direction Nation. Redécouvrant l'air libre et la lumière solaire peu après avoir quitté la station, la rame MP 73 longe le boulevard Vincent-Auriol sur un viaduc, puis elle poursuit sa course avec aisance sur une longue pente à 33 mm par mètre la menant jusqu'aux bords de la Seine en passant par les stations Nationale, Chevaleret et Quai de la Gare.

Elle s'engage ensuite sur le viaduc de Bercy long de 171 m. Depuis sa construction en 1864, ce pont de maçonnerie fut élargi une première fois en 1905-1906 pour permettre la construction, sur sa chaussée, d'un second pont soutenant la ligne de métro, puis à nouveau en 1990 : les rames circulent désormais au centre du tablier.

Rame MP 73, sous les fenêtres du ministre des Finances.

Quais couverts à Nationale, ligne 6.

En quittant le pont, notre rame longe le bureau du ministre de l'Économie et des Finances à gauche, le Palais omnisports de Bercy à droite. Nous descendons à Bercy pour prendre la ligne 14, ou Météor, qui nous permettra d'effectuer notre dernière traversée de la Seine en métro.

Des Finances à la Science

La ligne 14 est la dernière née du métro parisien ; elle diffère radicalement des autres, techniquement et esthétiquement, même si les rames MP 89 ont un air de parenté certaine avec celles qui circulent sur la ligne 1 depuis peu de temps. Le projet est appelé initialement "Métro est-ouest rapide" : la réunion des trois premières lettres du premier mot et des premières lettres

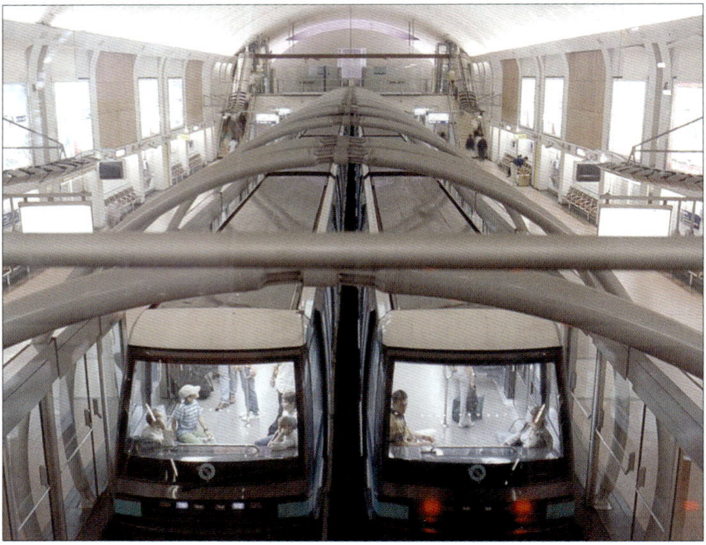

Deux rames MP 89 à l'arrêt à la station Châtelet, ligne 14.

des trois suivants a donné "Météor". Qui a dit que la technocratie était dénuée de tout sens poétique ?

La surcharge de la ligne A du RER dans la partie centrale de Paris et la très mauvaise desserte du 13e arrondissement sont à la source de cette nouvelle ligne. La perspective d'implantation de la Grande Bibliothèque dans le quartier dit de "la ZAC Tolbiac" donna encore plus de consistance à ce projet, dont les travaux démarrèrent en 1991.

Le creusement fut l'affaire du tunnelier "Sandrine", une gigantesque machine pesant 1 100 tonnes, longue de 80 m et capable de percer un tunnel d'un diamètre de 8,60 m à raison d'une progression de 350 m par mois : nous sommes loin des pics, des pioches et des pelles de nos arrière-grands-pères moustachus, transpirant dans des galeries sombres et poussiéreuses. La traversée est faite, une fois encore, avec des caissons ; ceux-ci ne sont pas métalliques mais en béton précontraint. Au nombre de quatre, ils furent foncés dans la Seine en 1994. La ligne est ouverte depuis 1998.

Postons-nous en tête du quai pour monter à l'avant de la rame : l'absence de conducteur offre un pare-brise avant grand ouvert sur la voie à la disposition des amateurs. Nous pouvons déguster par le menu le parcours et suivre la progression : une pente de 41,66 mm par mètre nous fait d'abord

Météor : tous conducteurs !

passer sous la gare de Bercy, puis une courbe nous mène à une forte rampe de 50 mm par mètre conduisant à la station Cour-Saint-Émilion. Après cette station, la rame plonge sous la Seine suivant une pente de 28 mm par mètre. Progressivement, la ligne reprend un parcours en rampe atteignant la valeur de 40 mm par mètre pour remonter en direction de la rive gauche. Le service ne se termine pas là puisque, depuis le 26 juin 2007, la station initialement appelée Tolbiac-Nationale, qui servait d'atelier en bout de ligne depuis sa mise en service, a été terminée et ouverte au service des voyageurs sous le nom d'Olympiades. La ligne sera prolongée par un raccordement avec la ligne 7, au moins pour que les rames puissent gagner un véritable atelier.

Nous voici au terme de nos dix traversées. Il ne nous reste plus qu'à aller consulter quelques livres (sur la fabuleuse histoire du métro, bien sûr) à la Bibliothèque nationale de France ou, mieux encore, à reprendre une rame Météor pour nous offrir, postés à l'avant, le parcours intégral de la ligne 14 jusqu'à Madeleine. Le spectacle est fabuleux.

Design, électronique et fonctionnalité au service des usagers sur la ligne 14.

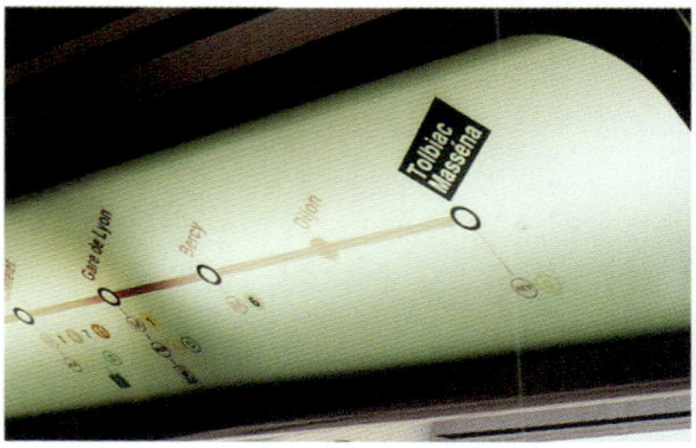

5

Les sous-stations

Départ : Bastille
Arrivée : La Motte-Picquet-Grenelle
Durée : 2h environ

Soyons bien clairs et évitons à certains esprits hâtifs de conclure qu'il existerait des stations de catégorie inférieure, classées dans la catégorie des "sous-stations". Non, la station de métro parisienne est une et indivisible. Les grandes stations aux multiples lignes en correspondance affichent peut-être un complexe de supériorité compte tenu de leur trafic et de leur fréquentation ; elles ne sont pas nécessairement pour autant les plus belles ni les plus intéressantes. En tous cas, il n'y a pas de stations de catégorie inférieure. La sous-station présente simplement la particularité de ne pas accueillir de voyageurs : il vaut d'ailleurs mieux ne pas s'y risquer, car on s'exposerait à être agréablement chatouillé par un courant de quelques milliers de volts !

Pourquoi des sous-stations ?

Entre 1880 et 1895, les progrès de l'électricité sont considérables, au point que la traction électrique devient un choix possible et sérieux pour le métro parisien. La maîtrise de cette nouvelle énergie met un terme à de longues années de discussions et d'hésitations, et débloque, en fin de compte, la décision de construire un métro à Paris. Les métros de Londres et de New York n'avaient pas eu d'autres choix que celui de la traction à vapeur... avec les grands inconvénients que l'on sait.

Mais, lorsque la première ligne du réseau est inaugurée en 1900, le métro ne dispose pas encore de sa centrale de Bercy, alors en construction ; la CMP

Les cathédrales de l'industrie naissante : usine génératrice de Bercy, par Paul Friésé, en 1900.

se fournit directement auprès de sociétés privées de production d'électricité. Deux petites sous-stations, l'une à Étoile, l'autre à Bercy, reçoivent ce courant industriel triphasé 5 000 V et le transforment en courant continu réduit à la tension d'utilisation de 615 V.

Chef-d'œuvre de l'architecte industriel Paul Friésé, la centrale à vapeur à trente chaudières de la rue de Bercy est opérationnelle en 1901 et fournit un alternatif d'une tension d'environ 12 000 V à la fréquence de 25 Hz[1] à un ensemble de sous-stations réparties dans Paris. Ces sous-stations convertissent le courant alternatif en continu par des machines tournantes

1. Le 50 Hz ne sera la fréquence industrielle de référence qu'au lendemain de la Première Guerre mondiale.

Façade de l'usine de Bercy, quai de la Rapée.

ou commutatrices (c'est-à-dire un moteur associé à une dynamo). L'usine de Bercy est arrêtée en 1927, au profit des centrales de Saint-Denis et d'Ivry, auxquelles s'ajoutera celle de Vitry. Ces centrales appartiennent à des sociétés privées et ne sont pas construites par la CMP.

Le beau système des centrales et des sous-stations finit, hélas, par disparaître. Au début des années 1960, EDF fournit un courant alternatif de 63 000 V par huit points de distribution répartis autour de Paris, alimentant quatre postes à haute tension (PHT). La tendance est alors de remplacer les sous-stations par des petits postes de redressement (ou PR) alimentés par les PHT et répartis sur l'ensemble du réseau. Grâce à l'électronique de puissance, ces PR sont plus petits, plus fiables et moins coûteux que les magnifiques sous-stations du métro. La RATP conservera certaines sous-stations pour y loger des PHT, des PR… ou des bureaux. Cependant beaucoup ont disparu avant d'avoir pu être converties en lofts par une population généralement éloignée des préoccupations ferroviaires, mais amatrice de décors industriels.

Des stations sous haute tension

Que se passe-t-il dans le métro en matière d'électricité ? Entendons-nous, tout d'abord, sur les termes : un courant électrique se caractérise par sa nature (continu ou alternatif), sa tension (les volts, et non le voltage) et son intensité (les ampères, et non l'ampérage). On peut produire du courant de deux manières différentes : soit avec une pile qui donne

Sous-station Père Lachaise, 1903. Installée par la compagnie Thomson-Houston, elle comporte des commutatrices (à gauche), des transformateurs statiques (au centre) et des panneaux haute tension (à droite). Chaque groupe donne 750 kW en courant continu 600 V. Les commutatrices sont du type hexaphasé, ont 10 pôles et tournent à 300 tours par minute pour transformer le courant à fréquence de 25 Hz (ou périodes, selon le terme en usage à l'époque) en courant continu.

du continu, soit avec une génératrice (machine tournante). Cette dernière est une dynamo, qui donne du courant continu, ou un alternateur, qui produit du courant alternatif. La pile a des capacités très faibles, tant en tension qu'en intensité, et ce sont bien les génératrices qui, en fournissant des courants à forte tension et intensité, ont permis le développement de l'électricité industrielle.

Reste le problème des moteurs de traction : le moteur le plus adapté au tramway et au chemin de fer, à même d'encaisser les efforts au démarrage tout en étant léger et puissant, a été d'emblée le moteur série à courant continu. Mais le courant continu a pour défaut de ne pouvoir être transporté, même sur quelques km, car la tension chute. Il a donc fallu rapidement combiner deux types de courant : l'alternatif à haute tension, pour permettre le transport à distance entre la centrale et la voie ferrée utilisatrice, et le continu à basse tension, pour rendre possible son utilisation par les moteurs de traction en limitant les risques humains.

PAUL FRIÉSÉ, L'ARCHITECTE DES SOUS-STATIONS

Né au sein d'une vieille famille alsacienne en 1851 à Strasbourg, Paul Friésé fait d'excellentes études et prépare Saint-Cyr quand éclate la guerre de 1870, dans laquelle il s'engage comme volontaire. Comme beaucoup d'Alsaciens, l'annexion de sa terre natale au IIe Reich lui vaut de choisir un long exil et il se fixe à Paris. Il renonce à une carrière militaire et s'inscrit dans la section architecture de l'École nationale et spéciale des beaux-arts. Il en sortira deuxième de sa promotion. En 1883, il est nommé inspecteur des travaux de reconstruction de l'École centrale des arts et manufactures auprès de l'architecte Jules Denfer avec lequel il ne tardera pas à s'associer et entreprendra un grand nombre de réalisations remarquées, notamment au plan industriel : compagnies électriques du Triphasé d'Asnières, du Nord-Lumière, grands moulins de Corbeil, pavillon Decauville à l'Exposition universelle de 1889, immeubles de rapport sur les Champs-Élysées et surtout le magasin Les Trois Quartiers, dont la structure en métal associée au stuc et aux ornements en fonte établit durablement son style.
En 1898, il est nommé architecte en titre de la Compagnie du chemin de fer métropolitain de Paris (CMP) avec Jean-Claude Formigé ; il préside, en 1899, le premier jury du concours des "édicules utilitaires et publicitaires" que sont les accès de métro, avec ou sans pavillons.
Ses préférences pour les pavillons métalliques vitrés, avec des remplissages en briques émaillées et carreaux de céramique, agrémentés de marquises déployées au-dessus des ouvertures, lui valent un premier grand échec. Mais les prix officiels s'accumulent, tant lors de l'Exposition universelle de 1900 qu'en 1904, au premier salon de la Société des artistes français, pour son projet de centrale électrique du métropolitain de la rue de Bercy. Le magnifique bâtiment administratif de la CMP, que l'on a pu admirer sur le quai de la Rapée jusqu'au début des années 1990, fut également dessiné par Friésé en 1904 dans le cadre du même projet.
Devenu célèbre, il tente de se réinstaller en Alsace en 1910 ; Bismarck est mort.
Il dessine pour son pays natal de nombreuses usines, villas, cités ouvrières et même un sanatorium. Il n'abandonne pas pour autant ses activités parisiennes : succursale Chaix à Saint-Ouen, usines et cité ouvrière Leroy à Pontthierry... Bien qu'âgé de plus de soixante ans, il est volontaire pour reprendre du service quand éclate la Première Guerre mondiale et fait tout pour se trouver au front où son courage lui vaut la croix de guerre.
Il meurt en 1917 et est inhumé au cimetière du Montparnasse dans une tombe qu'il avait lui-même dessinée, ornée de motifs représentant des serpents. Son collaborateur, Paul Marozeau, poursuit son œuvre, y compris comme architecte de la CMP.

C'est pourquoi, dès le départ, le métro a eu recours à des sous-stations qui reçoivent à leur entrée un courant alternatif à haute tension provenant de la centrale et qui produisent, à leur sortie, un courant continu basse tension que l'on retrouve dans le troisième rail d'alimentation sur les voies. Le courant alternatif entrant dans la sous-station est l'objet d'un double traitement : abaissement de la tension, redressement en continu.

Les progrès techniques ont permis l'emploi direct du courant alternatif dans les moteurs de traction, ce qui est le cas à la SNCF sur les nouvelles électrifications entreprises depuis les années 1960. Mais on imagine mal un troisième rail posé sur le sol dans les tunnels et parcouru par un 25 000 V monophasé à fréquence industrielle ! Le bon vieux 750 V continu est moins dangereux, perturbe moins les systèmes électroniques environnants et a encore de beaux jours devant lui. Mais n'allez jamais vous promener sur les voies du métro : une décharge électrique en 750 V peut tuer ou, à tout le moins, faire de très gros ravages.

La sous-station du métro : sa vie, son œuvre

La tournée de quelques-unes des fameuses "sous-sta" est un incontournable du métro parisien. La sous-station était un lieu important puisqu'elle fournissait le courant électrique indispensable à la traction, la signalisation, l'éclairage des rames et des stations. La plupart de ces sous-stations ont été profondément modifiées ou démolies pour être remplacées par un bâtiment neuf pouvant recevoir des installations à la fois plus performantes et occupant moins de place, ce qui a permis aussi d'installer des logements ou des bureaux dans les bâtiments. C'est le cas, par exemple, pour les stations Auteuil, Barbès, Boulogne, Charenton, Italie, Lamarck, Levallois, Louvre, Montreuil, Montsouris, Neuilly, Pantin, Porte de Versailles et Saint-Antoine. Mais certaines sous-stations, comme Père-Lachaise, ont été remplacées par un Poste Haute Tension et/ou un Poste Redresseur,

Sous-station Bastille, 1967.

d'autres, comme La Motte-Piquet-Grenelle, Vaneau, Necker (ancien Nord-Sud), par un PR et des bureaux ou, comme Laborde, par un PR et des logements d'étudiants. Celle de Louvre, une sous-station souterraine, a été remplacée par un PR installé dans un parking, lui aussi souterrain. Celle d'Étoile est aussi une sous-station souterraine, et elle abrite un PR. La station Tivoli (Nord-Sud) n'est plus qu'un souvenir… ainsi que celle de Villiers.

Notons qu'il existe dans Paris d'autres sous-stations très proches de celles du métro, souvent également dessinées par Paul Friésé, comme celles de la Compagnie parisienne de distribution d'électricité (CPDE) ou de la Compagnie parisienne de l'air comprimé (CPAC). Le mieux est de se rendre au 6, rue Récamier dans le 7e arrondissement (métro Sèvres-Babylone) pour découvrir la sous-station Sèvres de la CPDE, aujourd'hui magnifiquement restaurée par EDF qui en a fait un lieu d'expositions baptisé espace Electra. Ne pas s'attendre, toutefois, à y voir des commutatrices tournant à plein régime ni à respirer les vapeurs de mercure des redresseurs ; c'est l'art moderne et la culture qui se chargent aujourd'hui d'y faire circuler une énergie d'un autre genre.

Bastille

Commençons notre tour par la superbe sous-station Bastille dont l'imposant bâtiment à ossature métallique recouverte de briques domine toujours l'angle du boulevard Bourdon et de la rue de la Cerisaie. Nous sortons de la station Bastille et nous nous rendons au coin de la place de la Bastille et du boulevard Bourdon, sur le terre-plein dominant le bassin de l'Arsenal ; cette position permet un coup d'œil intéressant sur la station aérienne de la ligne 1. Celle-ci se livre à un exercice périlleux consistant à sortir de terre en venant de la gare de Lyon pour passer au-dessus du canal Saint-Martin, avant de se glisser sous la chaussée de la rue Saint-Antoine. La descente sous la rue Saint-Antoine s'exécute au prix de deux courbes à très faible rayon (38 et 50 m).

Avançons sur le boulevard Bourdon pour découvrir, au n° 31, le fameux édifice dessiné par Paul Friésé. Construite à partir de 1911, cette sous-station à la gloire de l'électricité et de l'industrie tient à montrer, par une grande baie vitrée haute de 12 m, la noblesse et la beauté des grandes machines tournantes électriques. Friésé fait le choix de les exposer au grand jour dans une sorte de cathédrale, plutôt que de les cacher dans l'ombre d'un bâtiment fonctionnel et austère. Les petites fenêtres formant arcades, juxtaposées au-dessus de la grande baie vitrée, éclairent la salle des batteries d'accumulateurs qui permettaient de démarrer les commutatrices et d'alimenter le réseau d'éclairage de secours du métro.

La sous-station Bastille et sa grande baie vitrée, érigée à la gloire de l'électricité et de l'industrie, par Paul Friésé.

Daumesnil

Revenons à la station Bastille et prenons une rame MF 77 de la ligne 8 en direction de Créteil jusqu'à Michel Bizot. Cette sous-station, située au 25, rue de Toul, est moins impressionnante que celle

Sous-station Daumesnil, rue de Toul. Façade de l'immeuble avant rénovation.

de Bastille, mais correspond tout à fait au style et aux proportions de la grande majorité des sous-stations du métro.

L'excellente idée de faire du bâtiment un musée des sous-stations (visites sur rendez-vous) nous permet de pénétrer l'univers de ce genre d'installation. Le décor est celui d'une sous-station en activité dont on aurait presque envie de voir les grosses commutatrices se mettre en mouvement. Les redresseurs et les disjoncteurs, les tableaux d'éclairage et les tableaux de traction sont de superbes objets dont les matières traditionnelles, comme la fonte, le bronze, le cuivre, la faïence, le bois, diffusent un parfum nostalgique.

Les Lilas

Reprenons le métro à Michel Bizot en direction de Balard jusqu'à République pour emprunter la ligne 11 en direction des Lilas. La ligne est en forte rampe continue (40 mm par mètre), car nous gagnons les hauteurs de Belleville où la construction fut difficile, certaines stations, comme Télégraphe, étant enterrées à plus de 20 m de profondeur. Cette ligne est la plus haute du réseau parisien et a été la première à recevoir des rames sur pneus, dès 1956.

Nous descendons à Porte des Lilas, station complexe, car se trouvant sur les lignes 11 et 3 bis qui s'y terminent en boucle. Le bâtiment extérieur de la station est signé de l'architecte Charles Plumet ; il date de 1922 et comporte des motifs décoratifs sculptés dans le béton. Son volume abrite la machinerie d'ascenseur et la recette. Nous suivons la rue de Belleville en direction du centre de Paris jusqu'au n° 298, où nous trouvons une belle sous-station, édifiée en 1928 par Paul Marouzeau.

Construite en béton armé, sa façade, rehaussée de briques rouges, est généreusement éclairée par de grandes fenêtres. Cette sous-station forme un ensemble cohérent avec la station Porte des Lilas et illustre bien l'architecture de l'entre-deux-guerres en honneur à la CMP.

Sous-station Porte des Lilas.

Ouvrage de croisement des lignes 3, 7 et 8 (de haut en bas) à Opéra.

Opéra

Reprenons la ligne 11 à Porte des Lilas pour suivre la direction Châtelet et entamer une longue descente jusqu'au cœur de Paris. Nous descendons à Arts et Métiers, au moins pour admirer la curieuse station décorée dans un style que ne désavouerait pas Jules Verne : on se croirait dans son *Nautilus* jusqu'au moindre rivet… La station a été ainsi décorée en 1993 par François Schuiten, dessinateur de bandes dessinées, en l'honneur du musée des Arts et Métiers tout proche.

Empruntons le couloir de correspondance pour la ligne 3, direction Pont de Levallois-Bécon, et descendons à Havre-Caumartin. Peu avant la station Opéra, on essaiera de voir l'ouvrage souterrain de croisement des trois lignes 3, 7 et 8 construit en 1903-1904. Nous sommes sur la ligne 3, la plus haute, qui offre une vue plongeante – mais très brève ! – sur les deux autres.

Au 41, rue Caumartin, la sous-station à ossature d'acier que réalisa Friésé en 1904 est le prototype d'un grand nombre de sous-stations à venir sur le réseau. La salle des commutatrices occupe le centre du bâtiment et la salle des accumulateurs l'étage supérieur, conformément à une disposition qui deviendra classique. Elle est la première sous-station mise en service sur le réseau métropolitain parisien.

La Motte-Picquet

Gagnons à pied la station Opéra et prenons la ligne 8 en direction de Balard jusqu'à La Motte-Picquet-Grenelle. Au 135, boulevard de Grenelle, nous découvrons une sous-station qui ressemble beaucoup, dans sa disposition, à celle que nous venons de voir, rue Caumartin : la façade, amplement vitrée, se découpe en trois parties verticales marquées par des piliers métalliques soutenant trois arches au sommet. Achevée en 1905 selon les dessins de l'architecte Friésé, comme la précédente, Elle sert désormais à l'alimentation des lignes 6, 8 et 10.

Sous-station La Motte-Picquet.

6

Stations fantômes, stations fermées

Départ et arrivée : Cluny-La Sorbonne
Durée : 1h environ

Pour intriguer, elles intriguent, ces stations qui ne figurent plus sur les plans du réseau de la RATP. Les rames les franchissent sans s'y arrêter, et seul le voyageur attentif, alerté par l'écho changeant du bruit de la rame et la disparition provisoire des piédroits de tunnel dans le "paysage", met la main contre la vitre pour essayer de distinguer, dans la pénombre de la station fantôme, quelques détails susceptibles d'éclaircir le mystère[1].

Il faut distinguer deux cas de stations mystérieuses : les stations fantômes qui n'ont jamais été mises en service et celles qui sont désormais fermées, mais non sans avoir connu une vie active.

Les premières doivent leur triste destin à un remaniement de tracé ou de philosophie générale du réseau, souvent intervenu alors que les travaux de creusement et d'aménagement de la station étaient à un stade avancé. N'étant pas situées sur les voies ouvertes normalement au service voyageurs, il ne nous est malheureusement pas possible de les découvrir. Ces stations sont utilisées comme lieu de garage ou d'essais. L'une, Haxo (voir p. 99), est située sur la voie des Fêtes reliant les boucles des lignes 3 bis et 7 bis ; l'autre, Porte Molitor (voir p. 110), est située sur la voie Murat reliant la ligne 9 (Porte de Saint-Cloud) à la ligne 10 (boucle d'Auteuil). Il avait été prévu que certaines rames de la ligne 9 puissent desservir directement le Parc des Princes par cette station, mais le principe choisi de l'indépendance des lignes et du refus des circulations complexes condamna le projet alors que la station était creusée. Elle n'eut jamais d'accès.

Les stations aujourd'hui fermées après avoir été mises en service sont les victimes du rude verdict de la rentabilité : pas assez de voyageurs. Soit parce que trop proches d'une autre station plus active offrant de meilleures relations avec le reste du réseau (les

La mystérieuse station Porte Molitor, dont l'accès – au niveau de la paroi non carrelée à l'extrémité du quai – ne fut jamais creusé. L'ouverture des stations, construites par la Ville de Paris, dépendait de la CMP, responsable de l'exploitation.

1. Sous réserve que les quais de la station n'aient pas été murés… ce qu'il nous est difficile de garantir.

voyageurs allant directement à pied à cette dernière), soit parce que la réalité n'a pas suivi l'optimisme des estimations prévisionnelles. Certaines stations, comme Rennes sur la ligne 12, ont pu ressusciter de leur long sommeil à la faveur d'une ouverture à certaines heures de la journée, tandis que d'autres ont eu la chance d'être sauvées parce qu'elles se trouvaient sur le trajet d'une nouvelle ligne en construction : c'est le cas de la station Cluny.

LES DISPARUES CORPS ET BIENS

Si les stations fermées apparaissent encore dans l'obscurité incertaine des tunnels, les stations disparues le sont à jamais, comme l'ancienne station Halles de la ligne 4. Lors des grands travaux de construction du réseau RER, on profita du fameux "trou des Halles" pour remodeler le tracé de la ligne 4, et une nouvelle station, l'actuelle, fut construite à côté de l'ancienne. Le basculement de l'ancienne station à la nouvelle se fit en une nuit, le 3 octobre 1977 ; au petit matin, beaucoup de voyageurs, qui avaient leurs habitudes dans l'ancienne station, furent ébahis et désorientés ! Sur la ligne 3, la station Martin Nadaud connut le même sort : le 23 août 1969, dans le cadre du remaniement de la ligne, elle fut en quelque sorte avalée ou annexée par la station Gambetta, dont elle devint un prolongement et une sortie. Le "débranchement" du tronçon Gambetta - Porte des Lilas donna la ligne 3 bis indépendante, le 23 mars 1971.

La station Cluny, avant et après sa résurrection.

Cluny-La Sorbonne, la miraculée

Nous commençons notre périple par la station Cluny-La Sorbonne. Cluny la chanceuse ! Fermée et ignorée des rames de la ligne 10 entre 1939 et 1988, cette station connaît une deuxième vie sous le nom de Cluny-La Sorbonne avec la construction de la station Saint-Michel du RER B, à qui elle offre non seulement un accès et une sortie en plein Quartier latin, mais aussi une correspondance avec la ligne 10. On remarquera la décoration de sa voûte multicolore reproduisant le tableau de Jean Bazaine, *Les Oiseaux*. Sur le quai, direction Auteuil, nous constatons que la station présente la particularité d'avoir trois voies entre ses deux quais. Qu'on se rassure : il ne saurait s'agir d'attraper un métro sur la voie centrale... qui n'est que le départ d'un simple raccordement avec la ligne 4. Nous prenons une rame en direction de Boulogne.

Croix-Rouge, ex-tête de ligne 10

Nous passons Odéon, Mabillon, puis la station suivante... sans marquer d'arrêt. Il s'agit de Croix-Rouge, dont le nom n'a rien à voir avec la fondation du Suisse Henri Dunant, mais uniquement avec une croix peinte en rouge sur le carrefour, il y a des siècles de cela.

Grandeur et décadence ! Aussi incroyable que cela paraisse, Croix-Rouge fut tête de ligne en 1923. C'était le terminus d'une ligne 10 Invalides - Croix Rouge par Duroc, formant le premier tronçon d'une ligne circulaire intérieure de 11,7 km concédée en 1907, mise en service jusqu'à Croix-Rouge et jamais achevée. Partant d'Invalides, cette ligne devait y retourner après avoir décrit une grande boucle dans Paris, suivant le boulevard Saint-Germain, passant sous la Seine et desservant la Bastille, revenant par la rive droite jusqu'à Opéra pour emprunter l'itinéraire de la ligne 8 jusqu'à Invalides. Mais la ligne du parti change en 1912 et l'on décide d'abandonner les lignes circulaires pour de grandes et longues transversales ou radiales desservant le centre de Paris et la périphérie.

La ligne 10 Invalides - Croix-Rouge n'a donc plus de raison d'être, et sa recherche d'une identité existentielle la pousse, en fin de compte, à une errance vers l'est tout en restant sur la rive gauche. Elle atteint Mabillon en 1925, Odéon en 1926, puis Maubert-Mutualité, et se débrouille même, en 1930, pour faire rouler ses rames jusqu'à la place d'Italie en empruntant le tronçon sud de la ligne 7 en construction. Elle atteint par ses propres moyens Jussieu en 1931, terminus jusqu'en 1937, puis gagne Austerlitz en 1939.

Mais, à l'autre extrémité, la ligne est remaniée pour ne plus desservir Invalides : désormais, la ligne 10 reprend à son compte le tronçon La Motte-Picquet-Grenelle - Auteuil qui, jusque-là, appartenait à la ligne 8. Pour ce faire, on construit le tronçon Duroc - La Motte-Picquet par Ségur, et la ligne 10 prend sa forme actuelle pour sa partie ouest en 1937. Elle abandonne son ancien tronçon Duroc - Invalides à la ligne 14 de l'époque (Porte de Vanves - Invalides).

Disposition des lignes 8, 10 et 14 avant et après le remaniement de 1937.

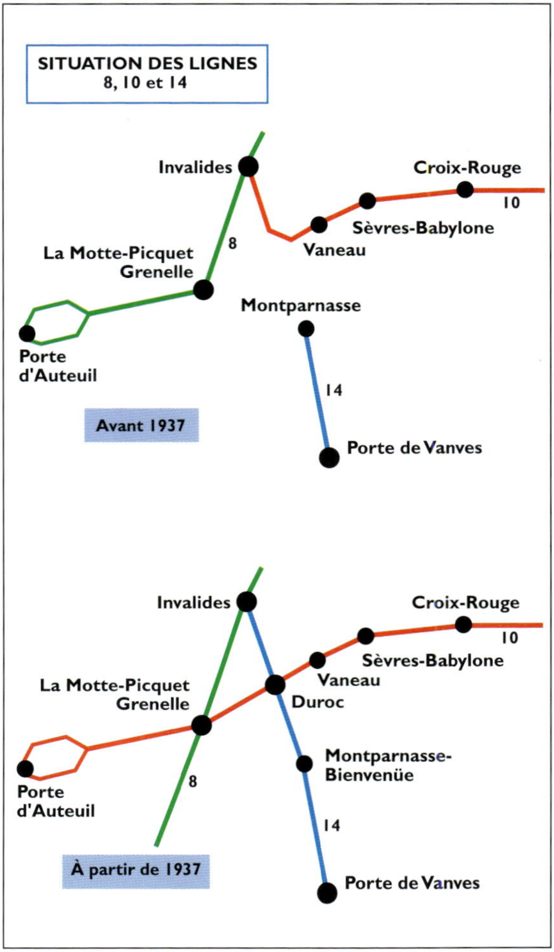

Nous quittons la ligne 10 à La Motte-Picquet-Grenelle pour la ligne 8. Nous attendons notre rame sur le quai central situé entre deux des voies des lignes 8 et 10.

Champ de Mars

Nous prenons la ligne 8 en direction de Créteil-Préfecture… mais nous nous arrêterons à la Bastille. Pour le moment, nous sommes sur le tronçon de la ligne 8 Invalides - La Motte-Picquet-Grenelle qui, lors du grand remaniement de 1937, n'a pas été concerné bien qu'étant à proximité du théâtre des opérations.

En quittant La Motte-Picquet-Grenelle, nous voyons, sur notre gauche, la situation complexe de la station. Celle-ci comprend une station supérieure à quai central (que nous venons de quitter), pour les directions Créteil (ligne 8) et Austerlitz (ligne 10), et une station inférieure, pour la direction Balard (ligne 8). La station supérieure à quai central est un vestige de la conception primitive de la ligne 8 devant relier Opéra à Auteuil avec une branche Balard à La Motte-Picquet-Grenelle. La disposition de la station sur deux niveaux a été dictée, lors du remaniement de 1937, par l'étroitesse de la rue du Commerce qui empêchait l'étalement des lignes et commandait leur relatif empilement.

Nous voici rapidement à Champ de Mars, station fermée depuis le 2 septembre 1939. Faut-il croire que l'École militaire, le Champ de Mars et la tour Eiffel ne généraient qu'un trop faible trafic ? Plus certainement, la trop forte proximité de la station La Motte-Picquet-Grenelle, offrant trois lignes en correspondance, incitait les voyageurs à se rendre directement à cette dernière pour éviter un changement.

La station Champ de Mars, délaissée pour La Motte-Picquet-Grenelle.

Quai de la station fermée Saint-Martin, ligne 8.

La station Saint-Martin réaménagée, en 2010.

Saint-Martin

Si saint Denis a été gâté sur le plan du métro, son collègue saint Martin – ancien soldat devenu moine qui, au IVe siècle, parcourut toute l'Europe pour finir évêque de Tours – n'a pas eu cette chance. Sa station a fermé le 2 septembre 1939. Il est vrai que le quartier est très bien desservi par d'autres stations : Strasbourg-Saint-Denis, Arts et Métiers, Temple, Réaumur-Sébastopol, sans parler de République avec ses cinq lignes en correspondance.

La station fait partie de la curieuse série construite sous les Grands Boulevards par Fulgence Bienvenüe, comprenant deux niveaux pour recevoir, superposées, les lignes 8 et 9 qui partagent un tracé commun entre Richelieu-Drouot et République. Ces stations à deux niveaux sont : Grands Boulevards (jadis Rue Montmartre, ce qui créait des confusions pour les touristes qui pensaient y trouver la place du Tertre), Bonne Nouvelle, Strasbourg-Saint-Denis et Saint-Martin. Notre ligne 8 occupe la position supérieure et la ligne 9 la position inférieure. Chaque station est formée de deux demi-stations à quai et voie uniques, occupant un même ouvrage d'art d'une largeur de 20,20 m.

Inauguration de la station Saint-Martin en présence de Fulgence Bienvenüe (au centre).

La station Saint-Martin connut son heure de gloire le 1er février 1932 quand elle servit de cadre à la cérémonie de réception de la ligne 9, remise officiellement à la CMP en présence de Fulgence Bienvenüe alors au sommet de la gloire. Saint-Martin fut fermée sept ans plus tard, au terme d'une bien brève activité. Depuis, la station a été réaménagée par la RATP et est utilisée dans le cadre d'animations culturelles et commerciales.

Nous franchissons rapidement la station, sans que nous puissions la voir puisque ses quais ont été murés pour son aménagement actuel. Elle est suivie d'un raccordement entre les lignes 8 et 9 et d'un autre avec la ligne 5. La ligne 8 pénètre dans la station République, encadrée de part et d'autre par la ligne 9.

Nous restons dans notre rame jusqu'à Bastille, où nous prenons la ligne 5 en direction de Place d'Italie.

Arsenal

Cette station, elle aussi fermée le 2 septembre 1939, ne s'en est jamais remise, desservant un quartier apparemment trop peu actif. Sur ses quais, on remarque, selon les saisons, divers matériaux de chantier et outillages appartenant à la RATP. Nous continuons notre trajet jusqu'à la gare d'Austerlitz avec un superbe parcours aérien et une traversée de la Seine sur le viaduc réservé au métro (voir les itinéraires 3 et 4, p. 108 et 117). Nous changeons à Austerlitz pour la ligne 10 qui nous ramène à Cluny-La Sorbonne.

En 1950, la publicité s'affiche en mosaïque… et en relief.

Arsenal : l'ancien bureau du chef de station avant transformation des lieux.

7

Les stations à disposition spéciale

Départ : Porte de la Chapelle en bus PC
Arrivée : Invalides
Durée : une demi-journée.
(À défaut de Carte Orange, se munir d'un billet Formule 1 pour la journée)

Les stations de métro parisiennes ont pour principe général d'être établies avec deux quais encadrant les deux voies, le tout sous une voûte unique. Certaines stations, toutefois, dérogent à ce principe (voir aussi p. 49). Les raisons qui peuvent sembler mystérieuses sont assez simples : il s'agit souvent d'anciens terminus ayant perdu leur fonction par suite du prolongement de la ligne ou encore de stations résultant de contraintes locales : étroitesse de la voirie, nature des sols, proximité d'autres ouvrages d'art importants tels que des collecteurs d'égouts, des fondations de très grandes constructions, ou encore présence d'autres lignes de métro.

Porte de la Chapelle

Nous commençons notre immense périple par la visite de la station Porte de la Chapelle comportant trois voies à quai encadrant deux quais en îlot. On peut, depuis les quais, apercevoir une arrière-gare, avec quatre voies de garage dont l'une est équipée d'un trottoir de manœuvre. Les deux voies de garage centrales ont été prolongées sous les fortifications de Paris. Elles témoignent encore aujourd'hui de la difficulté que les ingénieurs du métro eurent à accepter aux militaires de la Belle Époque le franchissement de la fameuse enceinte de Thiers : pas question d'offrir aux Prussiens une brèche toute prête ! Il faut dire que la station Porte de la Chapelle est née avec le prolongement de la ligne 12 en 1916, en pleine Première Guerre mondiale !

Porte de la Villette

Nous quittons la station Porte de la Chapelle par le bus PC, ligne intérieure, pour rejoindre la porte de la Villette. La station qui s'y trouve,

Trains de travaux de différentes générations, comme les tracteurs TMA de 1985 ou les tracteurs Sprague type 1908-1909 transformés entre 1958 et 1962.

comportant quatre voies à quai encadrant deux quais en îlot, a été l'ancien terminus de la ligne 7. Lors de la mise en service de la station en 1910, l'autre terminus de la ligne 7 n'est autre qu'Opéra. La branche Louis Blanc - Pré-Saint-Gervais est ouverte en 1911, mais, des deux branches, c'est bien celle de Porte de la Villette qui a gagné, bien que prévue ultérieurement.

La station est dotée d'une boucle de retournement comportant trois voies, dont deux de garage. Une voie supplémentaire dessert les ateliers de la Villette, dont on peut voir le matériel d'entretien en stationnement depuis le périphérique extérieur entre les portes de la Villette et d'Aubervilliers.

Il est intéressant de prendre une rame en direction de La Courneuve en se plaçant à gauche : après la sortie de la station, on a un bref aperçu sur l'entrée des voies de la boucle. À la station La Courneuve-8 Mai 1945, prenons la direction inverse jusqu'à Porte de la Villette : la voie passe en souterrain sous les voies d'entrée de la boucle. On descendra à Louis Blanc pour découvrir la boucle de la ligne 7 bis.

LA DISPOSITION DES STATIONS : TERMINOLOGIE EN USAGE

- **Station ou gare** : la station est, par définition, un lieu de passage et d'arrêt des rames. La gare (terme non utilisé par le grand public, qui ne connaît que les stations) comporte, en outre, des voies de garage du matériel.
- **Point d'arrêt** : c'est l'endroit où s'arrêtent les rames. Une station a autant de points d'arrêt que de quais. Une grande station desservie par plusieurs lignes a de nombreux points d'arrêt.
- **Voie à quai** : voie desservie par un quai.
- **Quai en îlot** : quai situé entre deux voies.
- **Arrière-gare** : il s'agit, en général, d'une partie en impasse d'une station terminus située au-delà des quais et comportant des voies de garage ou de manœuvre.
- **Trottoir** : petit quai étroit, disposé le long d'une voie de garage ou de manœuvre, permettant la circulation à pied du conducteur d'une rame devant changer de loge de conduite.

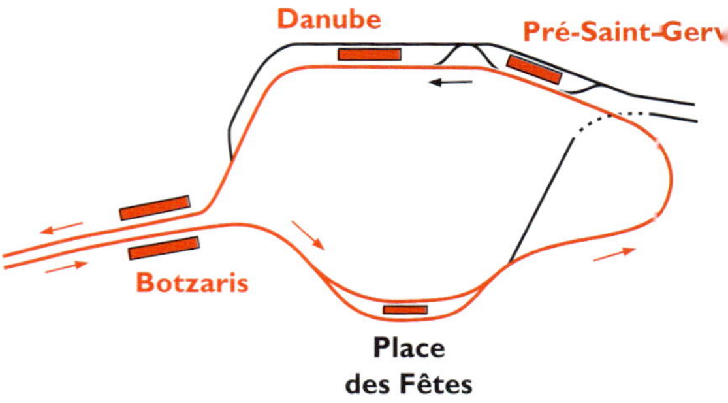

Boucle de la ligne 7 bis et ses trois stations à quai central : Place des Fêtes, Pré-Saint-Gervais et Danube. La voie qui se débranche à la sortie de Place des Fêtes mène à la station Haxo, puis à Porte des Lilas.

De la 7 bis à la 3 bis

Le parcours que nous allons accomplir a été longuement décrit dans l'itinéraire 2 (voir p. 102). Mais ici, puisque nous sommes dans la station supérieure, nous allons pouvoir déjouer la supercherie des lieux. Nous empruntons l'escalier et le couloir de correspondance direction Pré-Saint-Gervais pour gagner la station inférieure, qui lui ressemble comme deux gouttes d'eau. Le mystère s'éclaire : Louis Blanc compte bien deux stations différentes : les rames de la ligne 7 bis arrivent en provenance de Pré-Saint-Gervais, déposent leurs voyageurs dans l'une, repartent en sens inverse, avant de rebrousser dans le tunnel pour desservir la station inférieure en direction de Pré-Saint-Gervais.

Dans le parcours terminal en boucle, nous remarquerons les trois stations à quai central, Place des Fêtes, Pré-Saint-Gervais et Danube. Pour ces deux dernières, la voie non utilisée par notre rame MF 88 est la voie navette, dédiée aux essais de matériel roulant, qui se raccorde à la ligne 3 bis.

La station "tournage" de Porte des Lilas.

À Botzaris, nous gagnons le quai en direction opposée dans l'attente d'une autre rame faisant la boucle. À Place des Fêtes, nous empruntons la ligne 11, direction Mairie des Lilas, et changeons à Porte des Lilas pour gagner la ligne 3 bis, direction Gambetta. En quittant Porte des Lilas, on aperçoit sur la droite la station fermée, utilisée notamment pour les tournages de film.

À bord d'une petite rame à trois voitures, nous parcourons la ligne la plus courte de Paris (1,3 km). Elle était partie intégrante de la ligne 3 entre 1921 et 1971, date à laquelle le tronçon Gambetta - Porte des Lilas devint une ligne indépendante de la 3 sous le numéro 3 bis.

Gambetta, la déplacée

Notre rame nous laisse dans le terminus Gambetta de la ligne 3 bis. Ce site était occupé par l'ancienne station Gambetta. Terminus de la ligne 3 de 1905 à 1921, elle se "déplaça" en direction de l'ouest pour occuper partiellement l'emplacement de la station Martin Nadaud, qu'elle finit par gober comme un poisson vorace... Venant de la porte de Bagnolet, la ligne 3 utilise, sous la rue Belgrand, deux tunnels distincts. Le premier possède deux voies : l'une est un raccordement aux ateliers de Saint-Fargeau (15 600 m² consacrés à la maintenance des rames MF 67), l'autre est dévolue à la circulation normale. Le deuxième, à voix unique, permet la circulation en sens inverse. Puis les voies se regroupent pour entrer, bordées de manière classique par deux quais, dans la station Gambetta.

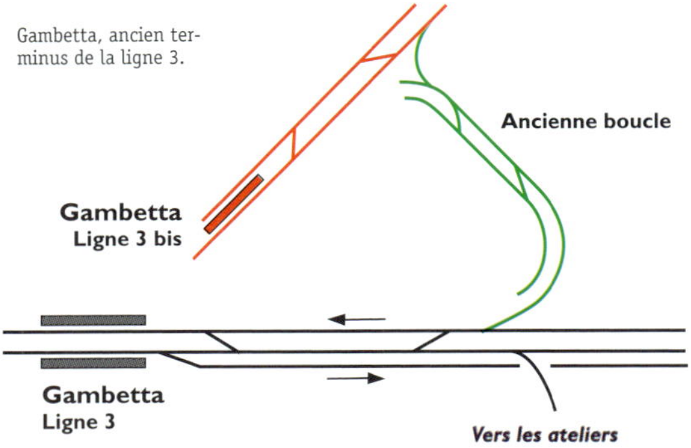

Gambetta, ancien terminus de la ligne 3.

Le terminus de la ligne 3 bis est relié à la ligne 3 par un long couloir de correspondance dont le tracé et l'élégante courbure à grand rayon ne peuvent manquer de signaler à l'initié qu'il parcourt à pied l'ancien tracé de la ligne 3 – on l'aurait jadis suivi dans une rame directe Porte des Lilas - Pont de Levallois. Notons qu'il n'y a jamais eu d'exploitation en fourche des lignes 3 et 3 bis. En quittant Gambetta, on distingue dans le tunnel les faïences de l'ancienne station en sens opposé, abandonnée en 1971.

Nous prenons une rame en direction de Gallieni où nous arrivons rapidement pour découvrir une station terminus récente, comportant quatre voies à quai encadrant deux quais en îlot. Nous apercevons l'arrière-gare avec ses quatre voies et les deux trottoirs de manœuvre servant aux conducteurs passant d'une loge de conduite à une autre. Nous revenons sur nos pas en prenant une rame en direction de Pont de Levallois - Bécon ; à Père Lachaise, nous regagnons Nation par la ligne 2.

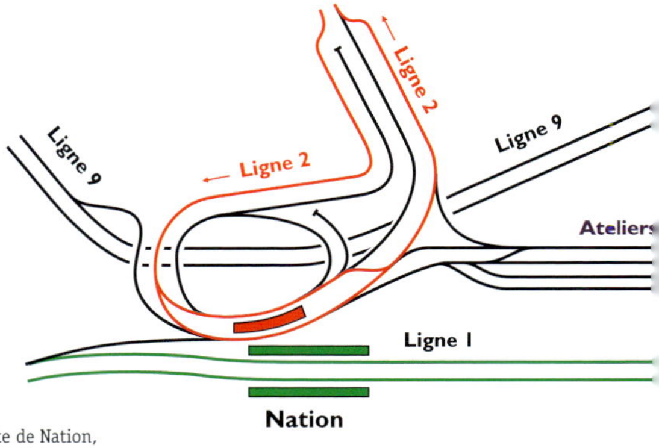

Site de Nation, carrefour des lignes 1, 2, 9 et 6.

Gambetta, ligne 3. Travaux sous la rue Belgrand, 1905.

Nation, la circulaire

Peu avant l'arrivée à Nation, une fois Avron franchie, la rame ralentit et termine sa course dans de stridents grincements : c'est la boucle tracée sous la place de la Nation. Ouverte en 1903, la station terminale de la ligne 2 fut initialement prévue pour servir aussi de terminus à la ligne circulaire sud (actuelle ligne 6) et fut dotée de trois voies à quai ; aujourd'hui, elle n'en compte que deux, encadrant un quai central en îlot.

Si nous restions dans la rame pour parcourir la boucle en entier et retourner jusqu'à Avron, nous pourrions voir, sur notre droite, les voies de service desservant les ateliers de Charonne qui, ouverts en 1900 pour le matériel des lignes 1 et 2, furent les premiers du réseau. Reconstruits au début des années 1980, leur surface de 10 900 m^2 est aujourd'hui réservée à la ligne 2. Ils présentent la particularité d'un raccordement avec passage à niveau sur la rue de Lagny.

Toujours par cette même manœuvre, on s'apercevrait que cette boucle est intégralement fermée par une voie (voie D) : la RATP – si elle était d'humeur plus farceuse – pourrait trouver là, un 1er avril, l'occasion de faire à ses voyageurs une bien

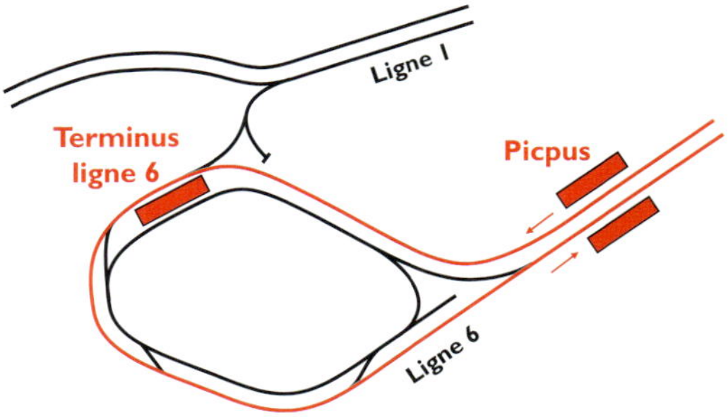

innocente plaisanterie en leur réservant la surprise de tourner éternellement sous la place de la Nation ! Quant à savoir si les usagers apprécieraient à une heure de pointe, c'est une autre histoire. Cette voie sert, bien entendu, au garage des rames.

Mais nous n'avons pas fini notre visite du site. Prenons la correspondance pour la ligne 6, direction Étoile par Denfert-Rochereau. Nous trouvons une autre station Nation en boucle, disposée, elle aussi, avec son quai en îlot entre deux voies en courbe. Les deux voies sont pleinement utilisées aux heures de pointe, les rames étant dirigées alternativement sur l'une ou sur l'autre. Aux heures creuses, les deux voies de la boucle servent de voie de garage, les départs se faisant alors par rebroussement.

Porte de Vincennes : là où tout aurait commencé ?

Gagnons le couloir de correspondance pour prendre une rame MP 89 sur pneus de la ligne 1 en direction de Château de Vincennes. À Porte de Vincennes, nous découvrons l'un des terminus de la première ligne du métro parisien, mise en service en juillet 1900. Le revêtement en brique émaillée de la station est l'un des ultimes témoins des essais d'aménagement qui eurent lieu la même année avant que ne soit, finalement, retenu le carreau blanc biseauté si emblématique du métro parisien. Comme les travaux ont commencé par l'extrémité Porte de Vincennes, on peut penser que les premiers coups de pioche ont été donnés ici.

Afin de réaliser les quatre voies à quai du terminus, les ingénieurs ont scindé la station en deux demi-stations ayant chacune sa voûte. À l'époque, les trains sont formés d'une motrice de tête seule, remorquant des voitures : c'est l'esprit tramway dans toute sa tradition. Cette formule implique des boucles de retournement,

Château de Vincennes : arrière-gare.

qui sont établies ici avec un rayon, très serré, de 30 m seulement ; et les deux demi-stations, intégrées dans l'itinéraire de retournement, ne sont donc pas parallèles, mais divergentes. Le prolongement en banlieue entraîna, le 24 mars 1934, le déplacement du terminus à Château de Vincennes. La boucle de Porte de Vincennes est abandonnée et la station réduite à une station ordinaire à deux voies et deux quais ; elle conserve ses deux voies divergentes qui finissent par se rejoindre en direction de la banlieue.

En option, nous pouvons poursuivre jusqu'à Château de Vincennes pour découvrir un terminus classique à quatre voies encadrant deux quais en îlot, prolongé par une arrière-gare avec trois voies de garage et un faisceau desservant les ateliers de Fontenay. Nous revenons ensuite à Porte de Vincennes pour prendre un bus PC en direction de Porte d'Ivry.

Façade des ateliers de Fontenay-sous-Bois.

Porte d'Ivry : ex-terminus de la ligne 7

Les rames de la ligne 7 desservent la station Porte d'Ivry depuis le 26 avril 1931 ; elles n'atteindront la station Mairie d'Ivry que le 1er mai 1946, au lendemain de la Seconde Guerre mondiale. La création de la branche Maison Blanche - Le Kremlin-Bicêtre, le 10 décembre 1982, et son prolongement jusqu'à Villejuif-Louis Aragon, le 28 février 1985, bornent, pour le moment, l'extension de la ligne 7 en direction du sud.

La station Porte d'Ivry est à trois voies et deux quais en îlot ; la présence de cette troisième voie rappelle sa fonction de terminus avant 1946. Nous montons dans une rame en partance pour Mairie d'Ivry depuis laquelle nous aurons, de part et d'autre, d'intéressants aperçus sur l'arrière-gare de l'ancien terminus avec ses voies de garage et ses trottoirs. Passé la station Pierre Curie, nous arrivons à la station Mairie d'Ivry, formée de trois voies à quai encadrant deux quais en îlot et prolongée par une arrière-gare avec trois voies de garage et trottoirs.

Nous prenons une rame en direction de La Courneuve et descendons à Place d'Italie.

Place d'Italie : et la boucle, à quoi sert-elle ?

Nous quittons la ligne 7 à Place d'Italie et gagnons, par le couloir de correspondance, la ligne 5. Pour cette dernière, la place d'Italie constitue depuis longtemps un terminus. La station est en courbe et comporte un simple quai en îlot encadré par deux voies : une disposition classique de station prise dans une boucle. La surprise vient du fait que la boucle ne sert pas au retournement des rames, qui rebroussent en sens inverse comme si elle n'existait pas. Après les stations fantômes, voici la boucle fantôme !

Construction de la culotte de raccordement de la ligne 6 avec la boucle de la place d'Italie, 1904.

Cette boucle est, en fait, une succession de portions de boucle, vestiges de l'histoire mouvementée du métro sous cette paisible place. Le tronçon Place d'Italie - Gare d'Austerlitz de la ligne 5 fut mis en service le 2 juin 1906, mais nous n'avons pas pu savoir si la boucle était alors utilisée. La ligne 5

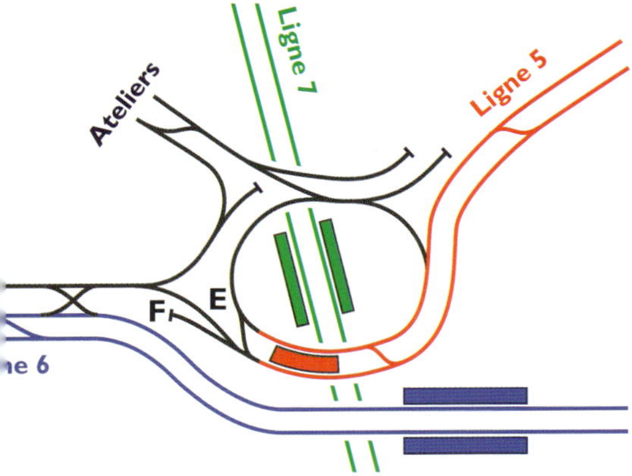

Site de Place d'Italie et sa boucle "fantôme".

partageait son terminus de la place d'Italie avec une autre ligne, la ligne circulaire sud, ou 2 sud, qui devait, avec l'actuelle ligne 2, constituer la partie sud d'une circulaire intérieure. Il est possible que cette cohabitation, créant une situation complexe, ait rendu difficile la gestion simultanée de mouvements sur la boucle.

Coup de théâtre : le 17 octobre 1907, l'exploitation de la 5 est fusionnée avec la 2 sud, ce qui supprime l'obligation pour les voyageurs de changer de rame à Place d'Italie. Une seule ligne 5 existe désormais, reliant Étoile à la Gare du Nord en passant par la place d'Italie, c'est-à-dire cumulant une bonne partie des lignes (actuelles) 6 (Étoile - Nation par Denfert-Rochereau, mais jusqu'à Place d'Italie) et 5 (Place d'Italie - Gare du Nord), mises bout à bout. Il est donc certain que la boucle ne sert plus à rien puisque les rames de la ligne 5 ne font que passer à Place d'Italie. Elles utilisent alors ce qui est devenu aujourd'hui le raccordement 5/6 (voies E) disposé à l'époque, avec la voie F actuellement en impasse, pour assurer la continuité des deux voies de l'actuel terminus de la 5. Venant d'Étoile par le sud de Paris, la ligne, déjà très longue, fait l'objet d'études pour un prolongement en direction du nord jusqu'à Pantin : ce sera la ligne 5 bis Gare du Nord - Église de Pantin qui, en 1939, est pratiquement prête. Pendant la guerre, en octobre 1942, il est décidé que la ligne 6 reliera Étoile à Nation par Denfert-Rochereau et Place d'Italie (comme il était prévu qu'elle le fasse

Le raccordement entre le terminus de la ligne 5 et la ligne 6 sous la place d'Italie.

dès l'origine et comme elle le fait toujours aujourd'hui) ; la ligne 5, quant à elle, reliera la place d'Italie à l'église de Pantin par la gare du Nord, utilisant alors l'ensemble du site de la ligne 5 précédente, sauf sa boucle de retournement à Gare du Nord, abandonnée pour cause de continuation vers Pantin[1].

La station Place d'Italie se retrouve, de nouveau, avec des lignes 5 et 6 séparées et des terminus différents, sans compter la ligne 7, qui traverse le tout par en dessous, et les voies de raccordement entre les lignes. De fait, la boucle n'a, sans doute, jamais servi pour un parcours circulaire intégral des rames de la ligne 5, sinon pendant les toutes premières années de l'exploitation, en 1906 et 1907.

Nous gagnons ensuite, par le couloir de correspondance, la ligne 6 qui fait donc "station à part". Nous prenons la direction Étoile puis, à Denfert-Rochereau, la ligne 4, direction Porte d'Orléans.

1. Cette boucle existe toujours, mais est partiellement interrompue du fait de la construction de la ligne de RER B. La RATP l'utilise depuis longtemps comme centre d'instruction. Elle est liée à une voie de raccordement de plus de 2 km de long, très utile pour l'apprentissage de la conduite.

Porte d'Orléans

Cette station a été construite juste sous la chaussée, ce qui lui vaut une couverture métallique en guise de voûte. Elle est disposée avec trois voies à quai, plus une boucle de retournement à deux voies, dont l'une sert de garage aux heures creuses. Ce terminus n'est atteint qu'au terme d'une longue construction : amorcée à la porte de Clignancourt, la ligne atteint le Châtelet en octobre 1909 et la porte d'Orléans en 1910, mais les travaux ont repris sous la forme d'un prolongement vers le sud.

La station Porte d'Orléans et sa couverture métallique.

Nous quittons la station Porte d'Orléans où nous pouvons prendre le bus 68 en direction de son terminus en banlieue, Châtillon-Montrouge, proche de la station de métro du même nom, ou les bus 194 ou 195 qui s'y arrêtent.

Châtillon-Montrouge et l'ancienne ligne 14

Nous pénétrons dans une station aérienne et visitons, pour la première fois de notre itinéraire, une station typique de ces terminus de banlieue qui caractérisent les derniers prolongements du métro hors de Paris. Nous sommes à l'extrémité sud de la très longue et prestigieuse ligne 13, pour laquelle les rames MF 77, rapides et résistantes, furent conçues et mises en service en 1978.

Le prolongement sud de la ligne 13, mis en service en novembre 1976, est établi parallèlement aux voies du TGV Atlantique jusqu'aux abords du dépôt SNCF de Montrouge. La station terminus est prolongée par le site de maintenance du matériel de la ligne 13, Châtillon-Bagneux. Depuis les extrémités des quais, il est possible de jeter un coup d'œil sur ce site et les rames en stationnement.

Nous prenons une rame prête au départ et avons droit à un parcours aérien jusqu'à la station Malakoff-Étienne Dolet ; peu avant Malakoff-Plateau de Vanves, la ligne entame un long parcours souterrain jusque dans la banlieue nord de Paris.

Faisceau de garage à Châtillon-Montrouge.

Notre sens historique est en éveil : à la porte de Vanves, nous parcourons l'ancienne ligne 14, ex-ligne C du Nord-Sud déclarée d'utilité publique en 1912, mais qui ne fut jamais construite par cette compagnie. C'est la CMP qui la mit en service en deux temps : entre Porte de Vanves et Bienvenüe en janvier 1937, puis intégralement entre Porte de Vanves et Invalides le 27 juillet 1937. Bloquée sur la rive gauche, cette ligne attendra ensuite très longtemps son raccordement avec la ligne 13 (ex-ligne B du Nord-Sud) qui, elle, l'attendait à Saint-Lazare sur la rive droite. Ce raccordement se fera en 1976 : le mariage est consommé après trente-neuf années de fiançailles.

Nous poursuivons jusqu'à Montparnasse-Bienvenüe où nous descendons pour prendre la ligne 12 en direction de la porte de Versailles.

Porte de Versailles, ou l'âme perdue du Nord-Sud

Depuis Montparnasse-Bienvenüe, nous parcourons, jusqu'à Porte de Versailles, la partie sud de la ligne A de l'ancien Nord-Sud en suivant le tracé de la rue de Vaugirard.

La ligne fut ouverte entre Porte de Versailles et Notre-Dame de Lorette le 5 novembre 1910, atteignant Pigalle peu après, le 9 avril 1911, puis Jules Joffrin le 30 octobre 1912 et, en 1916 seulement, la porte de la Chapelle. La station Porte de Versailles perdit sa qualité de terminus en 1934 pour cause de prolongement de la ligne (devenue 12 du métro) jusqu'à la mairie d'Issy. Mais les rames Sprague du Nord-Sud, légèrement différentes de celles du métro, restèrent fidèles à la ligne jusqu'en 1972, qui devait marquer le début de leur éviction par les MF 67. C'est donc bien ici que les travaux de construction du Nord-Sud ont commencé. Ouvrons les yeux dès le départ de la station Convention, car le site devient alors intéressant. Peu avant la station Porte de Versailles, nous voyons, sur la droite, les voies de raccordement avec les ateliers de Vaugirard, les plus importants de la capitale avec leurs 22 600 m^2 consacrés à la maintenance des MF 67 de la ligne et des véhicules de service du réseau entier.

Nous sommes très précisément sous la voûte de l'ancienne station Porte de Versailles, qui existait avant le prolongement jusqu'à Mairie d'Issy en 1934. La station actuelle, du fait du prolongement, est équipée de quais décalés. Nous descendons sur un quai

Tympans de tunnel avec indication Porte de Versailles sur la ligne A du Nord-Sud.

Ultime circulation
d'une rame Nord-Sud
sur la ligne 12, en 1972.

MADELEINE
PORTE de
VERSAILLES
590

Garage des rames sous la grande voûte de Porte de Versailles.

en îlot, parmi les nombreux visiteurs du Palais des expositions. Détail amusant : l'actuelle station Porte de Versailles, de style Nord-Sud, n'a été exploitée qu'une seule journée, celle de sa mise en service la veille de l'absorption du Nord-Sud par la CMP.

Nous gagnons la direction opposée pour visiter le quai décalé, direction Porte de la Chapelle, qui forme une demi-station à un seul quai et une seule voie. Nous sortons de la station pour prendre le PC en direction de la porte de Sèvres jusqu'à Balard.

Balard attend toujours

La station terminus Balard est l'un des rares terminus du métro parisien qui ait conservé son rang sans avoir été déchu par un prolongement en banlieue. Mais elle a bien failli n'être qu'un terminus de branche : celle qui était prévue sur la ligne 8 d'origine, Opéra - Auteuil, pour rejoindre la porte de Sèvres (Balard) depuis la station La Motte-Picquet-Grenelle, qui fut bien construite dans cette intention.

La ligne 8 fut mise en service en 1913, mais, en 1922, on décida qu'elle deviendrait une grande transversale ouest-sud-est, reliant Auteuil à la porte Dorée par Opéra, République et Bastille ; ce fut chose faite pour l'Exposition coloniale de 1931.

Quant à Balard, elle attend toujours. Le changement de la physionomie générale du réseau est le grand problème des années 1930 : le Conseil municipal penche désormais pour de longues transversales desservant le centre de Paris et allant jusqu'aux portes de la ville, voire en banlieue ; et l'on renonce aux lignes circulaires, aux courtes lignes reliant un arrondissement à un autre. La ligne 10 est remaniée pour unir Austerlitz à Auteuil, formant une nouvelle transversale est-ouest sur la rive gauche et reprenant à son compte la partie est de la ligne 8.

La ligne 8, qui ne va plus jusqu'à Auteuil, ira désormais à Balard et sera prolongée jusqu'à la porte de Charenton en 1937, avant de rejoindre Charenton-Écoles en 1942. Un nouveau prolongement permettra à la ligne d'atteindre Maisons-Alfort-Les Juilliottes en 1972, puis Créteil en 1974.

Ouvert en 1937, le terminus de Balard comprend trois voies à quai : la voie centrale est active, assurant les arrivées et les départs, les deux autres sont des voies de garage, prolongées en arrière-gare par un faisceau de quatre voies de garage.

MF 77 sur les voies de garage de Balard.

Nous prenons une rame MF 77 au départ, direction Créteil. Au passage, nous remarquons deux stations à disposition spéciale. La première, Lourmel, comporte trois voies à quai ; la voie supplémentaire est un raccordement desservant les ateliers de Javel occupant 9 500 m^2 et entretenant les rames MF 77 de la ligne. Commerce, quant à elle, présente une disposition décalée, l'étroitesse de la voirie n'ayant pas permis d'établir la station d'une manière classique avec deux quais en vis-à-vis.

La boucle d'Auteuil

Quittons la ligne 8 à La Motte-Picquet-Grenelle pour la ligne 10. Nous descendons dans une station à quai unique encadré par deux voies. En face, c'est la ligne 10, direction Austerlitz. Nous gagnons, par les couloirs de correspondance, la direction opposée de la ligne 8 pour visiter une demi-station à quai et voie unique, puis nous reprenons le couloir de correspondance pour nous retrouver dans une demi-station à quai et voie unique disposée juste au-dessus, appartenant à la ligne 10, direction Boulogne.

Nous prenons une rame MF 67 se dirigeant vers Boulogne-Pont de Saint-Cloud, empruntant une ligne ouverte en 1913. Après Javel, nous passons sous la Seine pour remonter sur la rive droite et franchir, en prenant de l'élan et à pleine vitesse, la station Mirabeau, l'une des plus curieuses de Paris. Elle se compose d'une voie en forte rampe de 40 mm par mètre en direction d'Auteuil, sans aucun quai, et d'une voie en palier en sens inverse, desservie par un quai unique latéral. La forte pente du terrain implique en effet de commencer la rampe dès l'entrée de la station au lieu de la sortie. (Voir aussi p. 109.)

La station Mirabeau était à l'origine exclusivement desservie par les rames ayant fait le tour de la boucle et orientées en direction d'Austerlitz. Aujourd'hui, elle reçoit les rames en provenance de Boulogne. Les voyageurs voulant descendre à Mirabeau peuvent soit aller jusqu'à Boulogne (pour en revenir ensuite en direction d'Austerlitz), soit descendre à Église d'Auteuil et revenir à pied.

Après Église d'Auteuil, station à quai et voie unique, nous voici à Michel-Ange-Auteuil, station à quai central unique encadré par deux voies, l'autre voie étant un raccordement

Schéma en coupe de la station La Motte-Picquet-Grenelle.

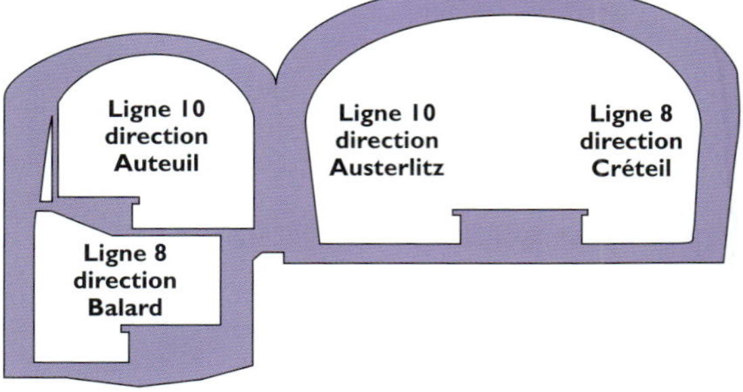

Poste de manœuvre et bureau de départ, Porte d'Auteuil, dans les années 1940.

entre la ligne 10 et la ligne 9 destiné originellement à la desserte de la station Porte Molitor.

Nous continuons notre trajet circulaire. La station Porte d'Auteuil est formée de deux quais en îlot séparant trois voies : l'une était prévue initialement pour recevoir les rames de la ligne 9 et l'autre celles de la ligne 10. C'est ici que les rames se dirigent aujourd'hui vers Boulogne et quittent la boucle d'Auteuil en prenant la troisième voie, celle de droite, pour trouver un prolongement en banlieue, inauguré en 1981, avec un terminus classique à deux voies à la station Boulogne-Pont de Saint-Cloud.

Du temps du tour de la boucle d'Auteuil, on apercevait sur la droite de la rame les voies de raccordement avec l'atelier d'Auteuil et la voie se dirigeant vers la mystérieuse station Porte Molitor (voir aussi p. 110). Le tout fusionnait avant la station Chardon-Lagache, à quai et voie unique. Ensuite, c'était Mirabeau... avec cette fois la permission de descendre !

Poursuivons jusqu'à Boulogne et retournons à Mirabeau pour assister au spectacle d'une rame affrontant à sa puissance maximale, en pleine station, la rampe de 40 mm par mètre en direction d'Auteuil. À La Motte-Picquet-Grenelle, nous prenons la ligne 6 en direction d'Étoile.

Rames articulées garées sur le faisceau des ateliers d'Auteuil avant leur retrait en 1994.

La boucle serrée de Dauphine

La ligne 6 donne droit à la superbe traversée de la Seine sur le viaduc de Passy (voir aussi p. 105). Nous parcourons le tronçon Trocadéro - Étoile, prévu à l'origine comme une simple branche de la ligne 1. Nous franchissons la station Kléber, avec ses quatre voies encadrant deux quais, dont la vastitude lui vaut d'être le terminus effectif de la ligne 6, à la place d'Étoile. Nous parcourons la boucle de la ligne 6 à Étoile, observant sur la gauche de la rame les raccordements et voies de garage ; aucune voie de garage ne ferme totalement cette boucle. À Étoile, où nous descendons, nous assistons à un étrange spectacle : les voyageurs montent dans la rame depuis le quai situé de l'autre côté. Cette pratique, unique sur le réseau parisien, est autorisée par une disposition à voie unique encadrée par deux quais. On gagne ainsi du temps et la rame repart rapidement pour marquer son arrêt prolongé au terminus de Kléber.

Viaduc de Passy, ligne 6.

Gagnons la ligne 2, direction Porte Dauphine, où nous arrivons après avoir traversé l'étonnante station Victor Hugo. Celle-ci, en alignement droit, est en fait une station "neuve", mise en service en 1931, qui permit d'abandonner la station d'origine de 1900, en courbe, que l'on traverse à la sortie de Victor Hugo. La suppression de ces quais disposés dans une courbe très serrée permit de faire circuler des voitures de longueur normale.

En se postant en tête du quai de Porte Dauphine, nous pouvons voir notre rame repartir immédiatement dans la boucle la plus serrée de Paris avec un rayon de 30 m seulement. Les "arroseurs de rail", visibles en queue du quai arrivée, sont mis en marche avant le passage de chaque train afin d'atténuer les crissements.

L'angle que fait la dernière voiture de la rame par rapport à l'alignement du quai est impressionnant. Rappelons qu'à la SNCF, les rayons de courbure les plus réduits sont de 150 m dans les dépôts ou ateliers, de plusieurs centaines de mètres sur les lignes anciennes... de plusieurs milliers de mètres sur les lignes TGV.

La configuration de la station est une survivance (la seule à Paris parmi les stations accessibles au public) de la disposition primitive de 1900, quand le métro de la ligne 1 était plutôt un tramway à voitures courtes pouvant s'inscrire dans une courbe à très petit rayon. La station est formée de deux demi-stations formant un angle aigu, avec une voie de garage en impasse, parallèle à la voie de passage provenant de la boucle. Porte Dauphine est également l'ultime station qui dispose dans son intégralité d'un des revêtements en faïences peintes de couleur crème expérimentés en 1900, avant le choix définitif du carreau blanc biseauté.

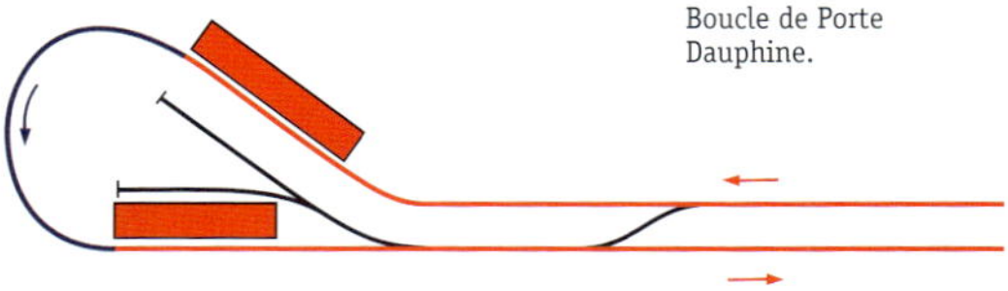

Boucle de Porte Dauphine.

Le tronçon Étoile - Porte Dauphine était, lui aussi, prévu comme une simple branche de la ligne. Le 13 décembre 1900, ce tronçon fut mis en service avec une navette formée de trois voitures que la motrice à deux loges de conduite devait manœuvrer pour revenir en queue de rame à Étoile. Le 7 octobre 1902, la ligne 2 fut mise en service entre Étoile et Anvers et absorba la courte branche de la Porte Dauphine.

Nous sortons de la station Porte Dauphine par le bel édicule couvert de Guimard pour prendre le RER C dans la jolie station Avenue Foch, toute proche, et rejoignons la porte Maillot, où nous descendons pour visiter la station de métro par le couloir de correspondance.

Porte Maillot, la boucle disparue

En arrivant sur les quais de la station Porte Maillot, nous sommes à la recherche des souvenirs de la ligne 1 : cette station fut son terminus en 1900, avant son prolongement jusqu'au pont de Neuilly effectué le 29 avril 1937. La station Porte Maillot d'origine fut conçue à peu près sur le même modèle que la station Porte Dauphine que nous venons de découvrir, c'est-à-dire avec une boucle de retournement fermant l'angle de deux demi-stations séparées, façon terminus de tramway. La boucle existe toujours et la ligne actuelle passe sous son extrémité. Mais, en impasse à une extrémité, elle n'est plus complète et ne communique plus avec la ligne que par la voie direction Vincennes. Il est possible, en principe, de voir ce raccordement depuis la gauche d'une rame se dirigeant vers La Défense, juste avant qu'elle n'arrive dans l'actuelle station Porte Maillot – à condition toutefois d'avoir le coup d'œil rapide, car les rames MF 89 sont très véloces !

L'ancienne station de Porte Maillot est devenue un centre de dépannage des trains (CDT) dans le cadre de l'automatisation de la ligne 1.

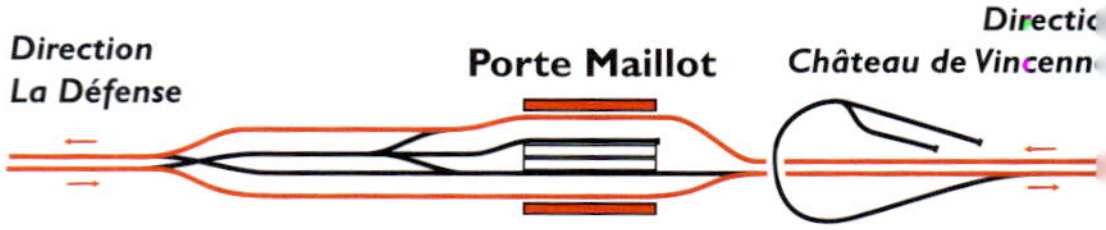

Le plan des voies de Maillot vers 1990. Au milieu, les quais de la station actuelle ouverte en 1936 ; à droite, l'ancienne boucle du terminus d'origine de 1900.

Ci-contre : ouvrage de superposition à Villiers, lignes 2 et 3.

Villiers, la surbaissée

Revenons à Étoile par la ligne 1, puis prenons la ligne 2 direction Nation jusqu'à Villiers. Cette station, formée de deux stations classiques accolées, mérite pourtant qu'on s'y arrête quelques instants avant d'emprunter les quelques marches de transition avec le quai direction Pont de Levallois-Bécon de la ligne 3. L'observateur attentif sera frappé par la hauteur inhabituelle de la voûte et, surtout, par celle des entrées de tunnel, comme si la ligne était réservée à des trains américains à deux niveaux.

À quoi doit-elle cette particularité ? Villiers fut, en 1903, la tête de la ligne 3, qui a pour autre terminus Père Lachaise. La ligne 2, parallèle à cette ligne, passe aussi dans la station. Il fut un moment question d'offrir aux rames de la ligne 3 la possibilité de poursuivre jusqu'à Étoile par les voies de la ligne 2. Mais, devant la

complexité que représentait l'exploitation d'un tronçon parcouru par des rames de deux lignes différentes, l'on décida sagement de laisser Villiers à son statut de terminus de la ligne 3. L'irrévocable résolution de la CMP l'incita même à construire une boucle de retournement sous le paisible parc Monceau. Le destin de terminus de la ligne 3 pour Villiers était scellé pour l'éternité.

Mais, en matière métropolitaine, il est des éternités relativement brèves. En 1901, la décision est prise : la ligne 3 sera prolongée au-delà de Villiers en direction du pont de Levallois. Les travaux de prolongement sont entamés sans délai. Mais un autre problème se pose : à la sortie de la station Villiers, la ligne 2 oblique vers la gauche, le tracé de la ligne 3 implique qu'elle s'oriente vers la droite. Comme chacun sait, les croisements à niveau ne se pratiquent pas dans le métro, Dieu merci. Il faut donc qu'une ligne, en l'occurrence la 3, passe en dessous de l'autre, la 2, et qu'elle abandonne sa boucle sous le parc Monceau.

Le lieu de superposition des deux lignes est cependant trop proche de la station et nécessiterait une trop forte pente. La seule solution est donc d'enfouir plus profondément toute la ligne 3, y compris dans la station, pour lui permettre de passer en douceur sous la ligne 2. Les voies de la ligne 3 et ses quais sont donc bien abaissés dans la station, mais la voûte d'origine et les entrées de tunnel restent en place. D'où leur grande hauteur au-dessus des rails et des quais.

Avant de reprendre notre itinéraire en direction de Levallois, descendons donc les quelques marches qui témoignent encore de ces travaux et permettent de mesurer la différence de hauteur entre les deux lignes. Au sortir de la station, en regardant par la gauche de la rame, il est intéressant de surveiller la hauteur de la voûte du tunnel : les voies continuent à descendre alors que la voûte reste à hauteur constante, témoignant encore de l'ancien projet de situation des voies de garage en arrière-gare.

Station Villiers.

Porte de Champerret, une disposition maximale

La station Porte de Champerret comporte quatre voies encadrant deux quais en îlot, ce qui est une belle disposition maximale. On la retrouvera dans un certain nombre de terminus des portes de Paris. Mais il est intéressant de signaler qu'elle fut déjà utilisée ici en 1911, puisque la ligne atteignit cette station le 15 février de cette année-là. La station est dotée, en arrière-gare, d'une boucle de retournement à voie double.

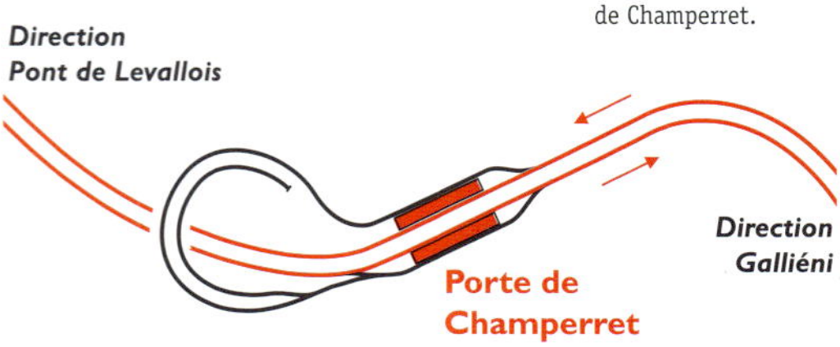

La boucle de retournement à voie double de Porte de Champerret.

Le 2 septembre 1937, le prolongement jusqu'au pont de Levallois fut mis en service : la station Porte de Champerret perdit son rôle et sa boucle de retournement devint un garage avec l'une des deux voies en impasse, l'autre conservant son tracé initial. Le terminus Pont de Levallois - Bécon est classique avec trois voies à quai et un quai en îlot, plus un quai latéral, le tout prolongé par une arrière-gare à trois voies de garage.

Nous gagnons le quai de la direction opposée et prenons une rame pour Saint-Lazare, où nous empruntons la ligne 13 en direction de Saint-Denis - Université ou d'Asnières-Gennevilliers, selon l'itinéraire adopté par les rames à La Fourche. À Saint-Lazare, nous patientons dans une station en courbe qui fut, à partir de 1911, tête de la ligne B du Nord-Sud, puis de la ligne 13 du métro. La récente jonction des lignes 13 et 14 entre Saint-Lazare et Invalides fut l'un des grands travaux bien utiles de notre époque. Attendue depuis des décennies, elle fut réalisée à la fin des années 1970 au prix d'une nouvelle traversée sous la Seine. La station Saint-Lazare de la ligne 13 devint enfin une station de passage.

En courbe et en rampe, la station était certainement bien malcommode pour être une tête de ligne et l'ancienne compagnie du Nord-Sud rêvait sans nul doute d'une extension, au-delà de cette barrière, en direction du centre. Notre rame démarre et s'engage, en faisant grincer les boudins de guidage, dans cette courbe en rampe qui, jadis, donnait du mal aux moteurs et aux bogies des rames du Nord-Sud, puis des rames articulées. Les puissantes rames MF 77 blanches se jouent en souplesse de la difficulté et prennent même de la vitesse dès la sortie de la station. La rampe est continue jusqu'à Liège, la station suivante. Nous descendons sur le quai et laissons partir la rame : qui a volé le quai d'en face ?

Liège, la décalée

Cette station s'est appelée Berlin jusqu'à ce que les choses tournent mal avec nos cousins germains en 1914. La station est alors rebaptisée Liége, plus politiquement correct. Son histoire mouvementée ne s'arrête pas là : elle s'ajoute, au lendemain de la Seconde Guerre mondiale, à la liste des stations fermées, franchies par les rames sans qu'elles ne s'y arrêtent ; elle devra attendre 1968 pour être ouverte à nouveau (et pour que l'accent soit remis dans le bon sens). Mais l'intérêt de Liège ne tient pas à sa seule histoire.

Les deux stations décalées de Liège. La décoration Nord-Sud est d'origine.

Les superbes faïences illustrant la province de Liège.

On remarquera qu'en face la voie en sens inverse n'a pas de quai, mais un beau mur carrelé orné de vues de la ville belge qui a donné son nom à la station. Une rame passe sur cette voie... et ne s'arrête pas, sans que personne à son bord semble s'en émouvoir.

Quittons le quai et repérons le tableau donnant la direction opposée : nous y lisons que l'on peut se rendre à Saint-Lazare ainsi qu'à toutes les autres stations de la ligne en sens inverse. Mais comment ?

Liège : un accès, deux stations.

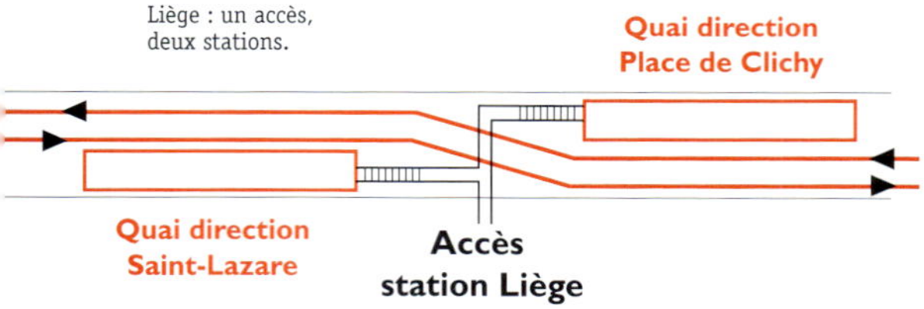

Suivons le couloir pour nous trouver sur un quai identique à celui que nous venons de quitter avec, en face, la même voie sans quai et le même mur décoré de vues de Liège. Une rame passe dans la même indifférence générale. Penchons-nous légèrement dans le tunnel et regardons : on y aperçoit le quai par lequel nous sommes arrivés il y a quelques instants. Simplement, il ne se trouve pas en face de celui desservant la direction en sens inverse comme il est de principe à Paris : la station est décalée et séparée en deux stations qui se suivent, chacune ayant sa voûte mais un seul quai.

La raison est que la rue d'Amsterdam suivie par la ligne jusqu'à la place de Clichy est très étroite ; par ailleurs, les techniques utilisées à l'époque de la construction ne permettaient pas encore d'établir des lignes sous les immeubles. C'est pourquoi on a décalé les quais pour faire une longue station étroite sous la chaussée[1].

Reprenons notre parcours à bord d'une rame en direction de Saint-Denis. Nous passons la station Place de Clichy, que nous retrouverons tout à l'heure, ainsi que La Fourche. À partir de Porte de Saint-Ouen, nous quittons le domaine de l'ancien Nord-Sud, les prolongements en direction de la banlieue ayant été effectués par la CMP. Le style plus simple des stations, rehaussé d'un immense "M" en céramique coiffant les encadrements des publicités, nous le confirme immédiatement.

Carrefour Pleyel : le symbole du renouveau

Nous restons dans la rame jusqu'à Carrefour Pleyel où nous descendons. La station fut pendant longtemps un terminus provisoire, comme en témoigne encore sa disposition avec trois voies à quai et une voie de garage avec trottoir de service.

Le prolongement de la ligne 13 jusqu'au carrefour Pleyel est effectué au lendemain de la Seconde Guerre mondiale dans le cadre de travaux marquant la reprise des investissements

1. Les stations Commerce (ligne 8) et Anatole France (ligne 3) ont, pour les mêmes raisons, la même disposition.

sur le réseau ; il était temps de réaliser les projets d'avant-guerre mis sous le coude en raison des circonstances. Le vieux matériel Sprague s'essouffle sur un réseau fatigué. Le prolongement jusqu'au carrefour Pleyel diffuse une note d'espoir et d'optimisme avec la mise en service, pour la première fois depuis l'avant-guerre, de nouvelles rames, les MA articulées dont la couleur bleue, le pare-brise panoramique et les tubes luminescents sont "modernes" à souhait.

La Fourche, curieuse et compliquée

Revenons en direction du centre de Paris et arrêtons-nous un instant à la station La Fourche. Nous quittons la rame à la station inférieure formée d'un demi-quai pour la direction Châtillon seulement. La station supérieure a bien ses deux quais en vis-à-vis, l'un pour Saint-Denis ou Asnières-Gennevilliers (nous venons de passer sur cette voie il y a une dizaine de minutes), l'autre pour Châtillon, mais uniquement pour les rames venant d'Asnières-Gennevilliers.

Cette disposition curieuse, que nous pouvons découvrir en prenant les couloirs de correspondance, évite aux rames venant de Saint-Denis de cisailler l'itinéraire des rames partant en direction d'Asnières-Gennevilliers.

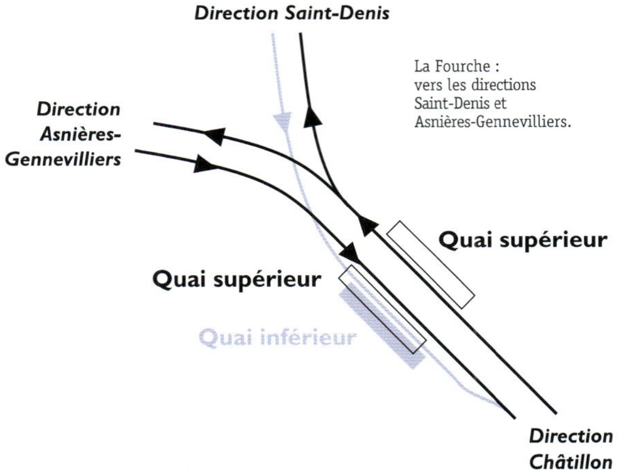

La Fourche : vers les directions Saint-Denis et Asnières-Gennevilliers.

Entre le quai inférieur de La Fourche et Guy Môquet.

Place de Clichy, l'esprit du Nord-Sud

Reprenons une rame à La Fourche, toujours en direction de Châtillon. Nous découvrons en regardant sur la gauche que la voie monte progressivement pour se mettre au niveau des deux voies desservant la station supérieure de la Fourche. Lentement, la rame s'engage sur l'aiguille de jonction des deux voies et s'arrête à Place de Clichy. Nous descendons et laissons la rame poursuivre sa longue descente en direction du centre de Paris.

La station Place de Clichy a été reconstruite dans son plus pur style Nord-Sud d'origine, laissant de nouveau apparaître ses céramiques qu'une carrosserie de tôle mise en place dans les années 1960 avait condamnées à un long sommeil. C'est un régal pour les yeux, qu'il s'agisse des céramiques entourant les panneaux publicitaires, des lettres “N-S” entrelacées sur les frises, ou des marquages “DIRon St-Lazare” et “DIRon Clichy-St-Ouen” au-dessus des entrées des tunnels sur les tympans de la station.

Continuons jusqu'à Invalides. Après Saint-Lazare, nous empruntons un itinéraire dont des millions de Parisiens ont rêvé des années durant : la jonction de la ligne 13 et de l'ancienne 14. La ligne 13 butait en effet désespérément contre le mur fermant le tunnel au sud de la station Saint-Lazare. En 1973, la ligne fut prolongée jusqu'à Miromesnil où elle donne une correspondance très utile avec la longue transversale qu'est la ligne 9. En 1975, elle atteignit Champs-Élysées-Clemenceau offrant une correspondance avec l'autre grande transversale qu'est la ligne 1. Restait le franchissement de la Seine : ce fut chose faite en 1976, qui vit enfin la création d'une très longue et très utile ligne reliant la banlieue nord à la banlieue sud.

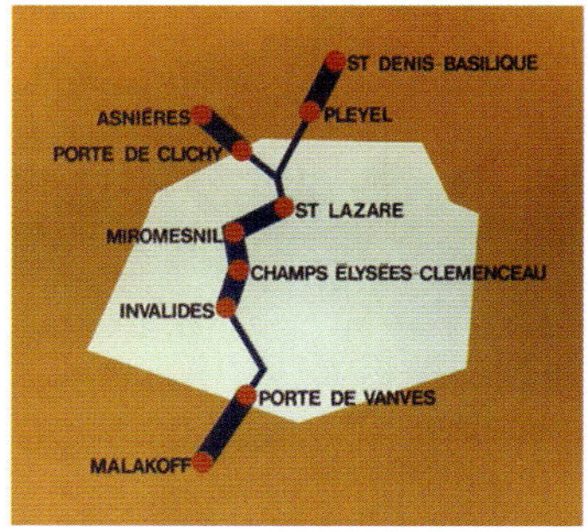

La ligne 13 : une réunion de parties nouvelles (en traits épais) et anciennes (en traits fins).

La symbolique du Nord-Sud reste présente à Clichy.

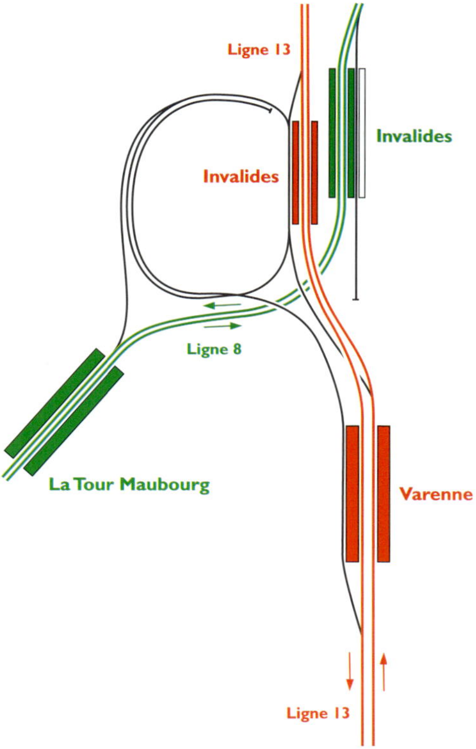

Invalides, la mutante

La situation nouvelle de la ligne 13, achevée le 9 novembre 1976, bouleversa le site d'Invalides qui perdit son statut de terminus de la ligne 14 pour devenir une simple station de passage sur la nouvelle ligne 13. Jusqu'en 1976, cette station comportait un quai central entre deux voies, lesquelles donnaient directement sur une boucle à double voie, puis à voie unique permettant le retour direct des rames jusqu'à la station Varenne et un raccordement avec la ligne 8. On voit toujours, à Varenne, cette voie unique qui crée dans la station une troisième voie au-delà du quai en îlot. À la suite d'importants travaux, la station adopta, en 1976, une disposition classique avec deux quais latéraux encadrant les deux voies. La boucle fut maintenue et sert de voie de garage.

La voie unique de Varenne, une des voies d'accès à la boucle d'Invalides. Cette station a servi, après sa fermeture en 1939 et durant les années 1950, à des tournages de films.

8

Les stations culturelles

Départ : Louvre
Arrivée : Arts et Métiers
Durée : 2h environ

Qu'on se rassure, les stations culturelles ne sont pas spécialement réservées aux docteurs en histoire médiévale, aux agrégés de lettres classiques, aux danseurs étoiles du palais Garnier ou encore aux critiques de cinéma, pas même la station Parmentier, pourtant dédiée à la culture (... de la pomme de terre). La RATP a simplement voulu habiller un certain nombre de stations d'une décoration spéciale réalisée par des artistes, d'où le terme de "stations culturelles". Ces stations sont bien ouvertes à tous les usagers, y compris ceux qui souhaitent essentiellement que le métro veuille bien les transporter d'un point à un autre, sans autres considérations.

Ci-contre : Louvre, station culturelle par excellence.

Tympans de la station Château d'Eau.

Avant de proposer une promenade dans ces stations particulières, il convient toutefois de rendre justice à beaucoup de stations qui, pour n'avoir pas reçu d'onction particulière, ne méritent pas moins notre haute considération. Pas "culturelles", les étoiles de Cadet, les superbes mosaïques de Liège ou de Porte des Lilas, la rotonde de Saint-Lazare... ? Allons donc ! Et que dire des tympans décorés de Château d'Eau ou des superbes éclairages de Cité ?

Cela étant dit, commençons notre voyage. Le premier rendez-vous est Louvre, sur la ligne 1.

Louvre : dans l'antichambre du musée

Louvre, la première du genre, doit l'honneur de sa parure à une grande signature dans le domaine de la culture puisqu'il s'agit d'André Malraux. En septembre 1968, la décision fut prise de faire de la station une antichambre du musée que Malraux vénérait particulièrement. On ne parlait pas encore, à l'époque, de "station culturelle" ; le terme naîtra plus tard avec l'extension à d'autres stations de cette idée d'une décoration originale.

Sous la direction de l'architecte Robert Venter, les murs de la station furent plaqués de pierre de Bourgogne, identique à celle que l'on trouve dans les salles du musée. On creusa des niches afin d'y placer des vitrines abritant des statues et des sculptures de l'Antiquité égyptienne ou gréco-romaine et du Moyen Âge.

Les lecteurs à l'esprit plus technique que culturel pourront également observer les prolongements de la station effectués en direction de Neuilly pour permettre aux quais d'accueillir les rames de six voitures : ce prolongement allonge la station de 75 à 90 m, soit 15 m de gagnés au moyen d'une voûte de plus petite section, dite "crypte".

Prenons le couloir de correspondance pour gagner la ligne 7, direction Mairie d'Ivry, qui nous emmène à Pont-Neuf.

Les grandes valeurs montent à Pont-Neuf.

Pont-Neuf : la monnaie monte au plafond

Dans cette station, proche de l'hôtel de la Monnaie, le décorateur a cru bon de coller au plafond d'immenses pièces de monnaie qui, jusqu'à présent, ne sont pas tombées sur les voies ou n'ont pas été empochées par des usagers cupides. On trouvera tout autant d'intérêt, sur le plan de l'histoire des techniques, à l'étude du contenu des vitrines placées sur les quais, où des gravures anciennes évoquent les outils destinés à la frappe de la monnaie.

Hôtel de Ville : les parfums d'un passé tumultueux

Prenons une rame en direction de Mairie d'Ivry pour descendre à Châtelet ; nous retrouvons la ligne 1, direction Château de Vincennes, que nous empruntons jusqu'à Hôtel de Ville. Les deux quais de la station comportent de très intéressants tableaux historiques dont les textes et les documents abondants relatent avec précision l'histoire du site, de la place de Grève à l'Hôtel de Ville. Dans une ambiance très *Fluctuat nec mergitur*, on constate que l'endroit a toujours été très mouvementé, tant socialement que politiquement, et que le locataire des lieux doit avoir des nerfs solides ! La décoration est aux couleurs rouge et bleu de la Ville de Paris.

Nous reprenons notre route, dans la même direction, pour un autre lieu tumultueux : la Bastille.

Bastille : les fresques des frasques populaires

Descendons dans cette station dont la disposition en courbe et contre-courbe, avec des rayons très faibles de 50 m seulement, impose aux rames des contorsions notoires (voir p. 107). Les quais, qui offrent une vue sur le bassin de l'Arsenal, sont ornés de fresques spectaculaires rappelant la chaude ambiance locale en 1789. Signées Liliane Belembert et Odile Jacquot, elles décrivent en cinq tableaux les grands moments révolutionnaires,

Fresques de Bastille.

des premiers mouvements d'idées jusqu'à la fête triomphale finale, en passant par la célèbre prise de la Bastille et par la marche du peuple à Versailles. Quant à la forteresse elle-même, il en subsiste quelques traces sur le quai de la ligne 5 (direction Bobigny) : on peut y voir l'un de ses murs de contrescarpe, découvert lors des travaux de construction de la ligne en 1905, ainsi que ses contours, matérialisés au sol par un trait jaune.

Ah ! Ca ira, ça ira... Pour notre part, ça ira par la ligne 5, direction Place d'Italie, jusqu'à Austerlitz, où nous changerons pour prendre la ligne 10, direction Boulogne ; nous descendrons à Cluny-La Sorbonne.

Cluny-La Sorbonne : la signature des gens du Quartier

Tristement fermée pendant de longues années (voir p. 130), cette station doit sa renaissance à la ligne B du RER dont elle constitue un accès sur le boulevard Saint-Germain et, du coup, une correspondance avec la ligne 10. Fermée depuis la guerre pour cause de trop grande proximité avec Odéon et Maubert, la station Cluny vécut une véritable résurrection en 1988. Sa voûte est décorée d'une reproduction aux couleurs vives du tableau *Les Oiseaux* du peintre Jean Bazaine. On pourra aussi s'amuser à déchiffrer, sur le quai direction Boulogne, la constellation de signatures appartenant aux célébrités du Quartier latin.

Les lecteurs à l'esprit platement technique constateront la curieuse disposition de cette station avec trois voies : la voie centrale, qui n'est desservie par aucun quai, est un raccordement entre la ligne 10 et la ligne 4. Nous reprenons notre trajet en direction de Boulogne jusqu'à Sèvres-Babylone, où nous changeons pour prendre la ligne 12 en direction de Porte de la Chapelle. Nous descendons à Assemblée Nationale, ex-Chambre des Députés.

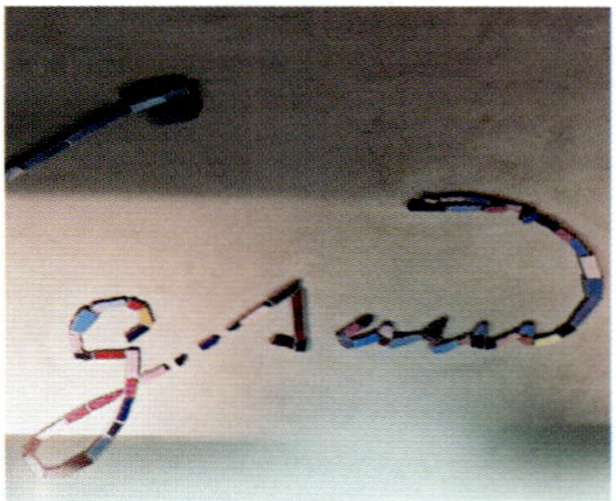

Cluny-La Sorbonne et sa voûte signée.

Assemblée Nationale : les députés s'affichent

La décoration de la station, imaginée par Jean-Charles Blais, est constituée d'affiches collées sur les murs en lieu et place des affichages publicitaires classiques. Les députés sont symbolisés par des silhouettes en noir. Selon les sessions parlementaires, et leurs thèmes, les affiches changent.

Les silhouettes démocratiques d'Assemblée Nationale.

Reprenons notre voyage, toujours en direction de Porte de la Chapelle, et passons sous la Seine pour découvrir la station Concorde.

Concorde : les droits de l'homme en kit

Dans cette station entièrement recouverte de lettres, l'intention louable de Françoise Schein fut de permettre, avec l'aisance d'un enfant apprenant à lire, de découvrir la Déclaration des droits de l'homme, en reconstituant lettre à lettre chacun de ses termes.

Après avoir épuisé les joies de cette utile activité, nous continuons notre trajet sur la ligne 12 pour descendre à Saint-Lazare où nous changeons pour la ligne 3, direction Pont de Levallois-Perret.

Europe : nos voisins à l'écran.

Europe : la vie quotidienne chez nos voisins

Comment vivent les différents pays de l'Union européenne ? La réponse est ici : des écrans plats (baptisés "Europamatons") disposés sur les murs diffusent en boucle des documentaires sur les thèmes de la vie quotidienne. Les couloirs sont baignés dans une ambiance sonore visant à recréer les "signes identitaires et les expressions d'une communauté".

Nous qui savons qu'il n'est pas besoin de chercher le bonheur plus loin que dans le métro, revenons en sens inverse, sur la ligne 3, pour changer à Saint-Lazare et prendre la ligne 13 en direction de Saint-Denis, jusqu'à Carrefour Pleyel.

Pleyel : la musique au carrefour

Cette station fut, durant de longues années, le terminus nord de cette branche de la ligne 13. Ici, le thème de la décoration, en cours de mise en place, est la musique, jeux de sons et lumières à l'appui.

Nous revenons ensuite en sens inverse, sur la ligne 13 toujours, en direction de Châtillon. À Saint-Lazare, nous changeons pour la ligne 3, direction Gallieni et descendons à Havre-Caumartin pour prendre la ligne 9, direction Mairie de Montreuil.

Chaussée d'Antin-La Fayette : l'amitié entre les peuples

Entraînés presque malgré nous hors de la rame par la foule attirée par les grands magasins, nous nous retrouvons sur le quai de la très fréquentée Chaussée d'Antin, devenue depuis 1989 Chaussée d'Antin-La Fayette.

Une fois dégagés de la cohue, nous gagnons les couloirs de correspondance pour la ligne 9 et arrivons dans la station située sur cette ligne pour admirer le plafond représentant les relations entre la France et les États-Unis, le passé culturel commun, les grands hommes et leurs idées qui ont fait le trait d'union entre les deux nations. L'impressionnante fresque en métal a été peinte par Jean-Paul Chambas.

Elle a été financée par le grand magasin voisin, en ex-voto au divin hasard qui a voulu que la station ait récemment allongé son nom.

Reprenons notre périple culturel en restant sur la ligne 9, direction Créteil. Nous allons jusqu'à République où nous changeons pour la ligne 11, direction Châtelet, et descendons à Arts et Métiers.

Arts et Métiers : prélude au Louvre des Techniques

Comme la station Louvre est l'antichambre d'un grand musée national, la station Arts et Métiers de la ligne 11, dans un décor totalement différent, prépare à la visite d'un autre grand musée, celui des Arts et Métiers. L'histoire des techniques est, autant que celle de l'art, celle du développement de la civilisation humaine et nous invitons le lecteur à visiter ce grand musée rénové en 2000. Rappelons que la Révolution avait eu l'ambition d'un grand musée unique et national des arts, des sciences et des techniques. La réalisation effective qui suivit fut plus bornée et étroite : le Louvre se limita à accueillir les arts, les sciences et les techniques ayant été oubliées ou jugées peu dignes d'une culture d'État.

La station est revêtue de plaques de cuivre rivetées et des engrenages ornent la voûte. Sur les quais, des hublots contribuent à donner cette curieuse mais belle impression de se trouver dans le *Nautilus* de Jules Verne. Ces hublots sont des vitrines abritant des reproductions d'objets caractéristiques des thèmes généraux du musée[1]. Mise en place en 1994, cette décoration est due au dessinateur de bandes dessinées François Schuiten.

Ici s'achève notre périple culturel à travers les stations thématiques, mais bien d'autres méritent aussi le détour : Saint-Germain des Prés et la création littéraire, Bonne Nouvelle et le cinéma, Tuileries et le patrimoine du XXe siècle, Villejuif-Léo Lagrange et le sport...

Ambiance Nautilus à Arts et Métiers.

1. Réaumur-Sébastopol, également proche du musée, bénéficie de cette même décoration, moins riche toutefois.

Tunnel à trois voies
à Cluny-La Sorbonne,
ligne 10.

G109

— V —

MÉTRO COLLECTION
MÉTRO PRATIQUE

À gauche, vue aérienne de la ligne 6 depuis la tour Montparnasse.
Ci-dessus, monogramme en céramique Nord-Sud.

MÉTRO COLLECTION

Le métro de Paris peut faire l'objet d'un thème de collection intéressant et varié, que ce soit sous la forme de jouets anciens ou de modèles réduits, de vieux papiers, de livres, de documents techniques, de photographies ou de cartes postales anciennes.

Le modélisme a la cote

Sur le marché de collection des modèles réduits anciens, les rames du métro de Paris sont rares. Il faut bien reconnaître que le Train Bleu en partance pour la Côte d'Azur, le Transsibérien traversant toutes les Russies ou l'Orient-Express affrontant les neiges des Balkans font davantage rêver les amateurs de chemins de fer qu'une composition à cinq caisses partant pour Balard via La Motte-Piquet-Grenelle. Mais que l'on ne s'y trompe pas : le métro a toujours eu quelques artisans pour produire des modèles en série limitée qui, aujourd'hui, atteignent des cotes très élevées sur le marché.

Les rames Sprague tiennent la vedette. Les modèles Fournereau, produits à la fin des années 1930, juste à la veille de la guerre, et au début des années 1940, sont très recherchés et atteignent facilement 230 à 305 euros l'élément (motrice ou remorque). Dans une série de ventes assurée par l'étude PIASA, une rame de cinq éléments a atteint 8 000 francs à Drouot en 1994 (deuxième vente Petiet) tandis qu'une rame Sprague de construction amateur, en écartement "I" (ci-contre), s'est vendue 38 000 francs à Drouot en 1997 (vente Fournier), devançant une rame représentant le matériel à deux essieux des débuts, vendue "seulement" 6 500 francs.

Jouets anciens

En ce qui concerne le marché du jouet de collection, les productions Märklin atteignent des records dans le genre avec des remorques cotant 7 623 euros (première vente Petiet, étude PIASA à Drouot) et des motrices atteignant 12 196 euros. Ce métro a été produit entre 1907 et 1914

Métro Märkling.

sous la référence 1096/1 pour l'écartement "I" et 1096/0 pour l'écartement "O". Il semble être inspiré des premières rames à bogies type 300 de 1904. C'est le must pour les collectionneurs de tout ce qui concerne le métro de Paris... Malheureusement, il est réservé à une élite à la bourse bien garnie !

Le métro fait par la firme allemande Carette est très intéressant pour sa ressemblance avec les rames à deux essieux des débuts. Très rare, moins prisé que le métro Märkling, il atteint une cote beaucoup plus modeste.

Tout aussi rare mais apparu bien plus tardivement, le métro de la firme PMP est une éphémère production datant de la fin des années 1940, lorsque la firme apparaît et se tourne rapidement vers le marché du modélisme avec des modèles de trains réels exacts. Il s'agit d'une très rare production de type jouet de PMP – à l'échelle du "HO" –, mais de facture très sommaire.

Signalons enfin les très belles rames produites – toujours dans les techniques du jouet ancien en fer-blanc lithographié – par la firme française AS au début des années 1990, pour l'écartement "O". Depuis quelques années, des fabrications artisanales proposent des reproductions de rames en "HO" comme des Sprague-Thomson, avec la maison Trans-Europ-Trains, ou des rames MF 67 avec l'artisan Malutram, cette dernière production ayant été très confidentielle. On pourra se rendre utilement à la boutique de la RATP située dans la salle des pas perdus de la station RER des Halles.

Métro Carette.

Objets du métro

Les objets du métro sont en revanche plus faciles à trouver dans les brocantes et les foires aux vieux papiers : billets, plans, documents divers, casquettes, poinçonneuses... voilà qui est commun. Les fascicules avec plans du matériel roulant, les notices descriptives des lignes, les ouvrages techniques sont plus rares et commencent à atteindre des cotes confortables. Les plaques émaillées des stations ou les plaques donnant la liste des stations dans une direction donnée se trouvent rarement. Les bancs cirés comme les éléments de décoration intérieure des rames Sprague sont plus fréquents ; tout collectionneur peut espérer avoir chez lui, pour une

Métro PMP.

centaines d'euros, un banc avec sa ferrure ou une plaque de la "Société du Verre étiré" comportant le numéro en bâtons romains de la classe de la voiture et les incontournables grecques bordant la plaque.
L'ouvrage *Le Patrimoine de la RATP* (éditions Flohic), avec ses nombreuses photographies en couleurs, est une mine d'or pour le collectionneur.

Photographies du métro

La carte postale ancienne est devenue un domaine de prédilection pour les collectionneurs ; il n'est pas très difficile de trouver des cartes postales représentant des quartiers de Paris avec une station de métro, un viaduc, une rame, etc. pour un prix abordable n'excédant pas la vingtaine d'euros. En revanche, celles représentant des gestes du métier, comme le poinçonneur ou le conducteur, voire le chef de station sur le quai, sont beaucoup plus rares et très chères.

Les scènes des inondations de 1910 ont été immortalisées par de nombreuses vues montrant les stations souterraines noyées jusqu'au rebord des quais. Les lignes du métro aérien (2 ou 6) ont, forcément, davantage inspiré les photographes que les lignes souterraines ; ces dernières cartes postales se trouvent à des prix abordables.

MÉTRO PRATIQUE

La maison de la RATP

Cette belle construction futuriste rassemble quelque 1 500 agents de la RATP, jusque-là très dispersés dans divers lieux de Paris. À la médiathèque, l'amateur pourra se procurer des documents historiques intéressants, des livres ou des objets "métro", ou encore profiter, dans le hall d'accueil, des expositions temporaires concernant le présent ou l'avenir du réseau. L'immeuble en lui-même est intéressant, avec sa grande nef ouverte au public, reliant le quai de la Rapée à la rue de Bercy et à la ligne Météor.

▸ Adresse : 189, rue de Bercy
ou 54, quai de la Rapée, 75012 Paris
Tél. : 01 58 78 20 20
Métro : Gare de Lyon
Bus : 20, 24, 57, 63, et 87

La boutique du métro

À la boutique de la RATP, les amateurs de produits dérivés du métro seront comblés : tee-shirts, souvenirs, reproductions de plaques de stations ou de photographies anciennes, gadgets en tous genres... On trouve de tout à tous les prix. Le rayon librairie est, quant à lui, très bien garni : la plupart des ouvrages sur le métro, les autobus et le RER disponibles actuellement sont en vente ici. À signaler : les petits cahiers édités par la RATP et consacrés à l'histoire du métro. Excellents et à un prix très accessible.

▸ Adresse : station Les Halles,
accès ligne 4,
grande salle des pas perdus.
Horaires : de 10h à 19h du lundi au vendredi, sauf les jours fériés.

Le site internet de la RATP

Pour les web-surfeurs – et les gens normaux aussi – il suffit de taper "RATP" dans la case de recherche du premier navigateur venu, pour qu'immédiatement le site de la RATP se présente : on y trouve des renseignements sur la vie de l'entreprise et le réseau, mais aussi sur les expositions et manifestations culturelles organisées autour du métro.

► www.ratp.fr

La rame Sprague de la RATP

Le lecteur se doit de l'emprunter au moins une fois. L'une de ces fameuses rames, disparues du service en 1983, a été préservée, restaurée à neuf et remise en service à la grande joie des Parisiens. Retrouvez les démarrages secs et les raides banquettes en bois, les vibro-massages des pieds par le plancher des motrices, les claquements sonores des portes et les nombreux soupirs pneumatiques répondant au grognement des moteurs.

Elle circule périodiquement pour des circulations historiques en service voyageurs. Tout le monde peut monter ou descendre ; c'est un métro "normal" qui ne l'est pas tant ! Les occasions de sortie changent au fil du temps, mais on la retrouve sans aucun doute aux Journées du Patrimoine (chaque dernier week-end de septembre), souvent pour le tournoi de Roland-Garros, sur la ligne 10 et… à chaque fois que l'on souhaite fêter quelque chose dans le métro ! Le meilleur moyen d'en savoir plus est de suivre périodiquement les actualités indiquées sur le site Internet de la RATP ou des associations.

Autres circuits découvertes

Une association, l'Ademas, propose de partir à la découverte de la face cachée du métro. Régulièrement, des visites techniques et historiques sont proposées aux adhérents donnant à voir le patrimoine architectural et décoratif du métro. Dans le cadre d'un circuit nocturne animé par des conférenciers, les visiteurs pourront également emprunter des voies de raccordement, des stations fermées, ou encore s'engouffrer dans de mystérieux tunnels… Une nuit partiellement blanche – l'expédition dure de 1 heure à 5 heures du matin – en perspective…

L'Ademas propose également le week-end d'instructives visites-conférences d'une demi-journée par petits groupes. Quant aux amoureux du matériel roulant, un détour par Versailles s'impose. L'association y préserve la partie visible de sa collection au Camp des Matelots, que l'on peut découvrir une ou deux fois par an, notamment aux Journées du Patrimoine, en circulation avec les visiteurs.

► Ademas : 15, rue Erlanger,
75016 Paris
Tél./fax : 01 47 46 03 91
secretariat@ademas-assoc.com
http://www.ademas-assoc.com

Tout le métro à lire

▶ *Le Chemin de fer Métropolitain de Paris,* Jules Hervieu, éditions Ch. Béranger, 1903 (I) et 1908 (II et III).
▶ *Les Chemins de fer urbains,* Louis Biette, éditions J.-B. Baillière & fils, 1928.
▶ *Le Chemin de fer métropolitain de Paris*, éditions des Ateliers ABC, 1931.
▶ *Paris, ses chemins de fer, catalogue de l'exposition de 1937,* éditions L'Art vivant G. Lang, 1937.
▶ *Fulgence Bienvenüe, Inspecteur général des Ponts & Chaussées, Grand'Croix de la Légion d'Honneur,* éditions Perceval, 1937.
▶ *Le Matériel roulant du Métropolitain de Paris, matériel du réseau urbain*, éditions De Montligeon, 1948.
▶ *Le Métropolitain*, série "Encyclopédie par l'image", éditions Hachette, Paris, 1950.
▶ *Le Cinquantenaire du Métropolitain de Paris,* RATP, 1951.
▶ *Mémoires du métro*, Guerrand Roger-Henri, éditions La Table Ronde, Paris, 1961.
▶ *Notre métro*, Robert Jean, 1967 et 1983 (2e édition).
▶ *Métro de Paris,* éditions Hachette, 1969.
▶ *Les Stations de métro*, Roland Gérard, éditions Bonneton, Paris, 1980.
▶ *L'Aventure du métropolitain*, Guerrand Roger-Henri, éditions La Table ronde, Paris, 1986, rééd. 1998.
▶ *Métropolitain,* Paris Bibliothèques (actes d'un colloque), 1988.
▶ *Histoire de la RATP,* Margairaz Michel, éditions Albin Michel, Paris, 1989.
▶ *Paul Friésé*, Fiblec Hugues, éditions Norma, Paris, 1991.
▶ *ME Trobus*, P. Godon et Ch. Crespolini, éditions La Vie du Rail, 1995.
▶ *Le Patrimoine de la RATP*, ouvrage collectif, éditions Flohic, 1996.
▶ *Métro-Cité,* éditions Paris-Musées, 1997.
▶ *Métro de chez nous,* J.-C. Demory, éditions ETAI, 1997.
▶ *De la Grand-mère à Météor,* Sirand-Pugnet Bernard, ID éditions, Paris, 1997.
▶ *Fulgence Bienvenüe et la construction du métropolitain,* Ossadzow Alexandre & C. Berton , ENRC, Paris, 1998.
▶ *Vincennes-Maillot, construction de la ligne 1,* éditions Paris Bibliothèque, 1999.
▶ *Un siècle de métro en 14 lignes,* Tricoire Jean, éditions La Vie du Rail, Paris, 1999.
▶ *Conducteurs du siècle,* éditions Textuel, Paris, 1999.
▶ *Le Métro de Paris - Images de construction 1899-1911,* éditions Paris-Musées, 1999.
▶ *Paris Metro Handbook* (en anglais), Brian Hardy, éditions Capital Transport, 1999.
▶ *Histoire illustrée des noms de stations,* Philippe Game et Danielle Michaud, éditions Moréna, Paris, 2000.
▶ *Paris Rétro Métro,* Gérard Roland, éditions Bonneton, 2001.
▶ *Atlas du Paris souterrain*, ouvrage collectif, éditions Parigramme, 2001.
▶ *Le Métro de Paris - mémoire en images* (reproduction de cartes postales anciennes), 3 tomes, Jean-Pierre Rigouard, éditions Alan Sutton, Saint-Cyr-sur-Loire, 2002-2008.
▶ *Le Métro de Paris*, Julian Pepinster, éditions La Vie du Rail, 2010.
▶ *Métropolitain*, Jean-Claude Demory, édition E.T.A.I., Boulogne-Billancourt, 2008.
▶ *Petite histoire du ticket de métro parisien*, Grégoire Thonnat, éditions Télémaque, 2010.

▶ Nous recommandons aussi les très intéressants livres de Mark Ovenden comme *Paris Metro Style*, *Metro Maps of the World*, ou plus récemment encore *Paris Metro Maps*, écrit avec Julian Pepinster (éditions Capital Transport, en anglais). Enfin, pour suivre l'évolution technique actuelle du métro, nous conseillons les articles paraissant dans la *Revue générale des chemins de fer* et *Chemins de fer*.

DU MÊME AUTEUR

Le Chemin de fer passion, Loco-Revue, Auray, 1969.

Pratique réaliste du modélisme ferroviaire, Picador, Paris, 1979.

Modélisme et trains, Atlas, Paris, 1980.

Cent ans de trains-jouets en France, La Vie du Rail, Paris, 1981.

Les Locomotives, De Vecchi, Paris, 1981.

Guide pratique du modélisme ferroviaire, De Vecchi, Paris, 1981.

Les Jouets anciens, Atlas, Paris, 1982.
(Prix Pouchard de l'Académie française en 1983.)

Les Chefs-d'œuvre du modélisme ferroviaire, Atlas, Paris, 1982.

Dix super plans de réseaux, édité par les trains Jouef, Paris, 1984.

Gares et bâtiments ferroviaires en modélisme, avec Alain Pras, Loco-Revue, Auray, 1982.

Le Temps des chemins de fer en France, avec Jacques Marseille, Nathan, Paris, 1986.

Trains et modèles de trains, Weka, Paris, 1985 à 1993.

La Grande Aventure du TGV, Larousse, Paris, 1986 (préface de Hubert Curien).

Les Jouets JEP, Maeght, Paris, 1988.

Les Grands Trains, Larousse, Paris, 1989 (préface de Patrick Poivre-d'Arvor).

Les Jouets Citroën, Maeght, Paris, 1990.

Modélisme : l'intégrale du matériel SNCF, avec Guy Landgraf, La Vie du Rail, Paris, 1991, 1992 (2 tomes).

Encyclopédie du train-jouet français, éditions du Collectionneur, Paris, 1993.

Trains de légende, Atlas, Paris 1995-1998.

3 000 modèles réduits ferroviaires, Milan, Toulouse, 1996 (2 tomes).

Cinquante ans de traction à la SNCF, enjeux politiques, économiques et réponses techniques, CNRS Éditions, Paris 1997.

Paris Ferroviaire, Parigramme, Paris, 1999.

Le Patrimoine de la SNCF et des chemins de fer français, Flohic, ouvrage collectif, Paris, 1999.

Objets du train à collectionner, Du May (ETAI), Paris, 2000.

Paris Tram, Parigramme, Paris, 2003.

Larousse des trains et des chemins de fer, Larousse, Paris, 2005, réédité en 2008.

CRÉDITS PHOTOGRAPHIQUES

Fonds RATP : 14, 16-17, 33b, 39hd, 44b, 56, 66, 67, 68h, 69b, 71g, 73hd, 74h, 75hd, 76h, 77g, 77m, 80, 82hg, 83b, 84b, 88b, 94b, 95m, 98m, 99m, 101h, 104h, 105m, 107m, 108, 110g, 115m, 116, 117, 122, 123h, 124, 125, 126b, 133b, 138, 140b, 148h, 156hd.

Photographes RATP. Aligon G. : 105h. ◆ Ardaillon Ch. : 24m, 34, 37b, 38b, 41mg, 77d, 94h, 95bg, 126h, 143b, 160h, 166. ◆ Carrier J.-M. : 44h, 95h, 157, 158. ◆ Chabrol B. : 28, 36h, 54, 71m, 76m, 85d, 93, 95bd, 126h, 143b, 160h, 166. ◆ Courouce J. : 156b. ◆ Dumax G. : 24h, 128b. ◆ Dupuy D. : 103, 106h, 112, 121b. ◆ Gaillard G. : 32b, 82hd. ◆ Gaston E. : 18. ◆ Hidalgo : 118h. ◆ Jackson D. : 52-53. ◆ Marguerite B. : 12, 24b, 35h, 36b, 39g, 41md, 42h, 43b, 55, 75bd, 76b, 88h, 89b, 92, 97m, 115h, 118b, 119h et b, 120h, 121h, 130h, 140h, 143h, 161m, 163. ◆ Mauboussin J.-F. : 32h, 43h, 51b, 96hd, 109h, 120b, 149, 162. ◆ Minoli R. : 10, 30, 31, 33h et m, 127m, 128h, 129, 141b, 146, 147h, 151, 153, 155, 161h, 164-165. ◆ Romans S. : 114. ◆ Roy R. : 42b, 71d, 73b, 96hg et b, 97b, 142. ◆ Sutton D. : 25h et b, 26-27, 41b, 159. ◆ Thibaut J. : 29m et b, 41h, 65, 127h, 160b.

Autres sources iconographiques. Celati J.-L. : 6-7, 8-9, 29hd, 47, 51h, 74d, 75g, 78-79. ◆ Coudreau N. : 88m, 133m. ◆ Decroix : 72g, 73hg, 81, 88m, 133m, 144-145, 168. ◆ Lamming C. : 35b, 37h, 38h, 57, 58, 60, 62, 63, 68b, 69m, 70, 72d, 74bg, 82b, 83h, 84h, 87h, 98h, 100b, 104b, 107b, 109b, 123b, 169, 170. ◆ Lebar J. : 40, 166. ◆ Pepinster J. : 13, 15, 39b, 49, 50, 85g, 86m, 87b, 89h, 90-91, 99b, 111, 113, 121m, 132, 133h, 134h et b, 137, 148b, 172. ◆ Potier de la Batie G. : 86h, 86b, 110b, 135, 139.

Nous remercions tout particulièrement Claude Carrau, de la Médiathèque de la RATP, pour son accueil et sa précieuse collaboration.

Edition : Laurence Solnais
Direction artistique : Isabelle Chemin, assistée de Julie Hiet
Réalisation des plans : Média Cartes (Paris)

Achevé d'imprimer en mars 2011
sur les presses de l'imprimerie Moderne de l'Est, à Baume-les-Dames, imprimeur respectant toutes les normes environnementales.

Dépôt légal : avril 2011
ISBN : 978-2-84096-726-2